D1322495

Le petit
Borde

L'actualité SCIENCE

COLLECTION GUIDES POUR TOUS

Responsable de la collection : Ginette Haché
Directrice artistique : Jocelyne Fournel
Directrice de la production : Lucie Daigle
Révision-correction : Lucie Daigle, Josée Désaulniers, Dominique Pasquin

Les Éditions Rogers ltée
1200, av. McGill College, bureau 800
Montréal (Québec) H3B 4G7
Téléphone : 514-843-2564

Direction : Carole Beaulieu, Catherine Louvet
Gestion des affaires : Marie-Claude Caron
Gestionnaire, division livres : Louis Audet

Le petit Borde : L'actualité scientifique expliquée à mon voisin
ISBN : 978-0-88896-698-8
Dépôt légal : 1er trimestre 2014
Bibliothèque et Archives nationales du Québec, 2014
Bibliothèque et Archives Canada, 2014

Diffusé par Socadis
Imprimé en février 2014 au Québec, Canada.

Attitude scientifique et comportement citoyen nécessitent en fait le même terreau mental et moral spécifique pour leur développement. Une société véritablement démocratique présuppose nécessairement des citoyens aptes à la réflexion. Voilà pourquoi il serait encore plus grave qu'on ne le pense généralement que l'esprit scientifique, c'est-à-dire l'esprit critique, se trouve submergé par la crédulité.

— Georges Charpak et Henri Broch,
Devenez sorciers, devenez savants, 2002. —

Pourquoi ce livre ?

À la seule vue du mot « science », bien des élèves du secondaire détalent comme des lapins. Et leurs parents aussi. Des milliers de gens de tous âges pensent que l'actualité scientifique est aride et assommante. Pis encore, ils sont persuadés qu'elle ne change rien à leur vie. Alors que c'est tout le contraire !

Le droit à l'égalité des hommes et des femmes, par exemple, serait inconcevable sans les découvertes médicales qui ont donné aux femmes la maîtrise de leurs maternités. *A contrario,* si la NSA américaine peut espionner sans vergogne les simples citoyens du monde entier, c'est que des découvertes ont permis des progrès technologiques sans précédent.

La science propose, les hommes disposent ! À eux de l'utiliser à bon escient.

Chaque découverte scientifique ouvre la voie à des changements politiques ou sociaux. Pourtant, au cours des dernières années, bien des médias ont réduit leur couverture scientifique. Le sport et la vie des stars faisant recette sur Internet plus que tout autre sujet, la tendance fut à en diffuser davantage. Plus que la politique ou l'économie. Plus que la science, surtout !

À *L'actualité,* nous avons fait, il y a cinq ans, le pari inverse. Nous avons ouvert à L'actualité.com le premier blogue de vulgarisation scientifique dans un grand média d'information au Québec et l'avons offert à Valérie Borde, une ingénieure chimiste pourvue d'un diplôme en communication scientifique.

Sa mission : passer l'actualité au tamis d'un regard scientifique. Par-delà le tumulte de la démagogie, des charlatans et des modes, elle devait faire entendre la voix de la raison.

Peut-on guérir par la prière ? Facebook rend-il dépressif ? Le gaz de schiste est-il plus nocif que le charbon ? Les sujets étaient tellement nombreux que la blogueuse n'a jamais manqué de boulot. La science est partout. C'est elle, plus que toute autre force, qui, depuis la nuit des temps, fait progresser l'humanité.

Nous avons réuni dans ce livre une cinquantaine des meilleurs billets qu'a publiés Valérie Borde au cours des cinq dernières années. Elle y déboulonne quelques mythes, en plus d'analyser avec un franc-parler réjouissant les scandales et crises en matière de santé publique révélés par les médias.

Ce livre est un outil. Dans une société où les esprits s'échauffent rapidement et la désinformation circule plus vite qu'un gazouillis de vedette, il donnera du pouvoir à ceux qui le liront !

Pour bâtir le monde dans lequel ils veulent vivre.

Carole Beaulieu,
rédactrice en chef et éditrice de *L'actualité*

Y a-t-il de plus en plus de séismes ?

À Haïti, au Chili, en Turquie et même au Québec, la terre a souvent tremblé ces derniers temps. Les tremblements de terre sont-ils pour autant plus fréquents qu'avant ?

Non, il n'y a pas plus de séismes, mais plus de séismes mesurés, de séismes dont on parle, et de gens qui meurent lors d'un séisme. C'est bien différent.

Selon l'agence U.S. Geological Survey, le nombre de sismographes installés dans le monde est passé de 350 dans les années 1930 à plus de 8 000 aujourd'hui. De quoi détecter la moindre secousse… et alimenter d'innombrables bulletins d'informations.

L'autre grand changement est l'accroissement de la densité de population dans des zones sismiques, qui fait forcément augmenter le nombre de victimes potentielles pour chaque secousse d'importance.

Dans un article intitulé « The seismic future of cities » (l'avenir sismique des villes), Roger Bilham, professeur à l'Université du Colorado à Boulder, avance qu'il est aujourd'hui possible qu'un tremblement de terre fasse un million de morts, compte tenu de la densité urbaine et du peu d'importance accordée à la construction parasismique dans de nombreuses régions du monde. Les coupables, selon lui : l'ignorance, l'indifférence et la corruption. En théorie, on pourrait réduire de beaucoup le nombre de victimes potentielles... si on voulait s'en donner la peine.

Heureusement, la grande majorité des séismes sont de faible magnitude et ne font pas ou font peu de dégâts.

En fin de semaine, des Québécois se sont inquiétés des tremblements de terre de magnitude 3,1 et 3,2 sur l'échelle de Richter survenus dans les régions de Québec et de l'Outaouais. Il n'y a pourtant rien là de bien dangereux : selon le U.S. Geological Survey, on enregistre chaque année près de 150 000 séismes d'une magnitude supérieure ou égale à 3 dans le monde !

Jeu-questionnaire : combien y en a-t-il eu dans un rayon de 500 km autour de Québec depuis le 1er janvier 2000 ?

Un indice : vous pouvez chercher dans la base nationale de données sismologiques de Séismes Canada...

(La version originale de ce texte a été publiée le 9 mars 2010.)

NDA : Réponse à la question (tenez-vous bien !) : il y a eu 155 séismes d'une magnitude supérieure ou égale à 3 dans un rayon de 500 km autour de Québec depuis le 1er janvier 2000 !

Nous sommes nuls pour apprendre des catastrophes

Sachant que le tsunami de 2004 a fait plus de 200 000 victimes autour de l'océan Indien, où pensez-vous qu'il serait le plus utile d'installer un système très efficace d'alerte au tsunami ? Dans les pays qui bordent l'océan Indien... ou sur le pourtour de la Méditerranée ?

Avant de répondre, lisez d'abord ce qui suit...

L'an dernier est paru aux États-Unis un livre fort intéressant à propos de la gestion des catastrophes d'origine humaine ou naturelle. Dans *Learning From Catastrophes : Strategies for Reaction and Response* (leçons tirées des catastrophes : stratégies de réaction et de réponse), les chercheurs américains Howard Kunreuther et Michael Useem ont réuni 20 experts en gestion du risque et des catastrophes pour faire le point sur les connaissances à ce sujet.

En se basant sur des événements tels que l'ouragan Katrina, la crise financière, la crise liée au syndrome respiratoire aigu sévère (SRAS), le tsunami de 2004, la canicule en France, des accidents d'avion et bien d'autres, les chercheurs montrent à quel point les organisations ont tendance à mal réagir devant des catastrophes peu probables, mais potentiellement dévastatrices.

Les émotions déforment notre perception des risques de multiples manières, rappellent d'abord les auteurs. On a toujours plus peur des séismes après un séisme majeur, même si ce dernier n'augmente pas les probabilités qu'il y en ait d'autres. C'est la fameuse croyance du joueur de roulette, qui pense toujours que le noir a plus de chances de sortir que le rouge après une longue série de rouges.

On a aussi plus peur de mourir de causes invisibles qui nous échappent, comme une catastrophe nucléaire ou des virus, que d'un bête accident d'auto, pourtant nettement plus probable.

Malheureusement, toutes ces perceptions erronées se traduisent aussi dans les décisions prises à l'échelle d'un pays ou d'une région du monde.

La conclusion des chercheurs est claire : il reste beaucoup à faire pour que les décideurs agissent froidement et de manière rationnelle pour nous protéger des catastrophes. Les mauvaises décisions coûtent des milliards et provoquent des milliers de décès évitables.

Investir à long terme face à un risque peu probable, comme un séisme de magnitude élevée, est pourtant généralement payant, compte tenu du coût astronomique des dégâts.

J'en reviens à mon histoire de tsunami. Vous avez répondu la Méditerranée ? Bien vu ! Le risque de tsunami est loin d'y être négligeable. Selon les auteurs de *Learning From Catastrophes*, il aurait été plus urgent d'installer un système d'alerte autour de la Méditerranée qu'autour de l'océan Indien. Pourtant, après 2004, les priorités se sont inversées, et la communauté internationale a décidé de doter d'urgence l'océan Indien d'un tel système.

Mais on n'a encore presque rien fait pour informer sérieusement les résidants du pourtour méditerranéen, alors qu'on connaît le risque. Jusqu'à ce que...

(La version originale de ce texte a été publiée le 22 mars 2011.)

✳✳✳

Inondations, tornades, sécheresses... à qui la faute?

Les catastrophes naturelles font la une des journaux ces jours-ci : inondations au Québec, tornades dans le Midwest, incendies en Alberta, éruption volcanique en Islande, sécheresse en France... Partout, la même question : à qui la faute?

On aimerait bien trouver un coupable sur lequel se défouler. Le climat? L'État ou les municipalités? Les gens qui habitent là où il ne faut pas? Dieu? La fin du monde?

Et si c'était les innombrables contradictions entre ce que l'on sait de ces événements, la manière dont on s'y prépare et le risque que l'on est prêt à courir?

Bienvenue au paradis des raisonnements faussés.

D'abord, il faut être conscient que les catastrophes naturelles feront toujours des dégâts, sans cesse plus coûteux en pertes humaines et économiques au fur et à mesure que la population du globe augmentera et qu'elle s'enrichira. On a beau savoir de mieux en mieux s'en protéger, on n'atteindra jamais le risque zéro.

Coincées entre l'air chaud du golfe du Mexique et l'air froid qui descend des montagnes Rocheuses, les plaines du Midwest ont toujours été propices aux tornades. Celles-ci se produisent dans bien d'autres régions du monde, où elles passent inaperçues. Mais s'il n'y a ni victimes ni médias présents, qui entendrait parler de ces phénomènes météo violents? L'intensité d'une tornade se mesure d'ailleurs surtout en fonction des dégâts qu'elle cause — c'est l'échelle de Fujita améliorée, du nom de son inventeur, qui va de F0 à F5 — plutôt qu'en fonction de ses caractéristiques météorologiques.

La ville de Joplin, au Missouri, était-elle bien préparée à affronter la catastrophe qui l'a frappée le 22 mai dernier ?

On peut en douter quand on voit l'état de son hôpital, gravement touché. Les hôpitaux devraient partout être des bâtiments indestructibles (justement parce qu'ils sont vitaux lors de catastrophes).

Il semble que le grand nombre de maisons mobiles pourrait aussi expliquer l'ampleur des dégâts au Missouri. Il est peut-être temps de réglementer ces habitations dans cette région.

D'un autre côté, il se peut que cette tornade ait été d'une intensité si exceptionnelle pour cette ville qu'elle ne justifiait pas qu'on s'y prépare.

On oublie souvent qu'il y a une limite raisonnable au risque que l'on peut considérer, et qu'on ne peut pas systématiquement blâmer les autorités quand cette limite est dépassée. Après tout, sortez-vous toujours dehors coiffé d'une protection contre les chutes de météorite ?

Il faut admettre que rien ne nous protégera jamais contre l'exceptionnel, mais il convient de nous préparer au mieux à ce qui est probable. Ce n'est malheureusement pas toujours le cas.

Prenez les inondations au Québec. À notre époque, acheter une maison au bord de l'eau — et y installer un cinéma maison dans le sous-sol — devrait impliquer de considérer sérieusement le risque. Ce n'est pas pour rien que les assureurs ne couvrent pas les inondations au Canada, ils ont fait leurs calculs ! Et ce n'est pas à l'État d'assumer toutes les conséquences de mauvaises décisions.

Un minimum de responsabilisation des particuliers et des villes est nécessaire pour décourager les choix trop risqués, comme celui de bâtir sa maison en zone inondable ou d'y accorder des permis de construire.

Pour les riverains, il existe trois solutions en l'absence d'assurance : déménager dans un endroit moins risqué, garder un coussin financier « au cas où » ou accepter le risque de perdre, comme au casino.

On oublie aussi souvent de comparer le risque que représentent les catastrophes naturelles à bien d'autres causes de mortalité, voire aux avantages qu'elles peuvent apporter. Ainsi, du temps où l'aviation n'existait pas, l'Europe aimait recevoir des cendres des volcans islandais, puisque ces cendres fertilisent les sols. Quelques retards aériens, si pénibles soient-ils, sont un tout petit prix à payer en comparaison de ces services !

Et que dire de la richesse que procure aux Américains l'exploitation agricole des plaines du Midwest, pourtant si propices aux tornades.

Autre paradoxe, alors qu'on a maintenant peur de tout, on ne réussit pas à s'entendre collectivement sur un des grands dangers qui nous guettent en matière de catastrophes naturelles : les changements climatiques. On ne peut attribuer directement un épisode météorologique extrême aux perturbations du climat, mais il est clairement établi que ces perturbations augmentent le risque de catastrophe.

Le consortium Ouranos (qui regroupe 400 chercheurs du Québec étudiant le climat) conseille d'ailleurs certaines démarches aux villes pour mieux gérer le risque accru d'inondations qu'y entraînent les changements climatiques. Il leur suggère par exemple d'encourager la revégétalisation des berges et de protéger les milieux humides, qui peuvent jouer le rôle de tampons lors de fortes pluies. Ce n'est certainement pas la dernière fois que la rivière Richelieu déborde de son lit !

On peut toujours se consoler en se disant que chaque catastrophe de grande ampleur fait avancer la prise de conscience. Même s'il est prouvé qu'on n'apprend malheureusement guère de ces événements...

(La version originale de ce texte a été publiée le 24 mai 2011.)

✳ ✳ ✳

Sandy : les défis de l'adaptation aux changements climatiques

Même s'il est impossible de l'attribuer directement aux changements climatiques, la mégatempête Sandy représente typiquement le genre de catastrophe qui risque de devenir de plus en plus fréquente au fur et à mesure que la terre se réchauffe. Et elle montre à quel point les États-Unis, comme le reste du monde, sont mal préparés à affronter de tels événements.

D'ouragan tropical typique de cette période de l'année dans les Caraïbes, Sandy est devenue une tempête extratropicale en remontant vers le nord. Elle s'est heurtée de plein fouet au courant-jet, qui, perturbé par l'oscillation nord-atlantique très négative, a amplifié ses effets. L'oscillation nord-atlantique, qui correspond en gros à la différence de pression atmosphérique entre les Açores et l'Islande, détermine l'essentiel des conditions météorologiques dans l'Atlantique Nord à l'automne.

Quand l'oscillation est négative, la côte est américaine connaît généralement des températures plus basses, plus de vent et d'humidité. Baltimore et Washington, entre autres, ont battu cette nuit les records des plus basses pressions atmosphériques enregistrées là depuis 1929, avec environ 96,4 kPa.

Plusieurs modèles atmosphériques prévoient que le réchauffement de l'Arctique et la fonte de la banquise risquent d'influencer l'oscillation nord-atlantique de manière négative, en « poussant » les basses pressions vers le bas. On sait aussi que le réchauffement planétaire fera augmenter l'intensité et la fréquence des ouragans tropicaux. Résultat : la côte est américaine risque de goûter de plus en plus souvent à des événements du type de Sandy. Avec des dégâts importants, qui entraîneront des coûts exorbitants, à cause de la forte densité de population et de l'importance des activités économiques dans ce secteur.

Pour Sandy, on parle déjà de 10 à 20 milliards de dollars de dégâts. La seule fermeture prolongée du métro de New York risque de paralyser la métropole pendant plusieurs jours.

Mais pour l'instant, très peu de choses ont été faites pour mieux protéger la côte et en particulier Manhattan, qui ne dispose d'à peu près aucun rempart contre la mer. La tâche est colossale.

Pourtant, la Ville de New York a adopté une approche proactive avec son plan PlaNYC, et a notamment mandaté un groupe d'experts pour la conseiller sur les mesures à mettre en œuvre pour faire face aux changements climatiques.

New York est considérée, avec Boston, comme l'une des villes américaines les plus avancées à ce chapitre. La New York Academy of Sciences a produit en 2010 un état des lieux complet des risques liés aux changements climatiques à New York. Mais pour l'instant, les mesures ont surtout visé la diminution des émissions de gaz à effet de serre. Les énormes investissements nécessaires pour bâtir des infrastructures plus résistantes n'ont pas été faits.

Et il reste beaucoup de travail à faire pour mieux communiquer les risques et rendre les mesures d'urgence plus efficaces.

Dans les jours qui ont précédé l'arrivée de Sandy, l'anthropologue Ben Orlove, spécialiste du climat au Earth Institute, de l'Université Columbia, a mené un sondage auprès des habitants de la côte Est pour savoir ce qu'ils pensaient de l'arrivée prochaine de la tempête, ce qu'ils en comprenaient et quelles mesures ils étaient prêts à prendre pour se protéger.

Il faudra attendre plusieurs semaines avant d'avoir les résultats de cette enquête, mais les premières données sont inquiétantes :

même après Irene, l'an dernier, qui a fait pour plus de 19 milliards de dollars de dommages, la population ne comprend pas que ce genre de tempête peut faire des ravages sur des centaines de kilomètres. Elle croit encore que seul « l'œil du cyclone » est vraiment dangereux, selon Ben Orlove.

Pourtant, les Américains sont de plus en plus nombreux à faire des liens entre ces événements météorologiques extrêmes et les changements climatiques, comme le montre une enquête publiée début octobre par l'Université Yale, *Extreme Weather and Climate Change in the American Mind*: 74 % des Américains croient que les changements climatiques touchent leur pays. La sécheresse extrême qui a sévi cet été a fait augmenter ce pourcentage de 5 points par rapport à mars dernier.

Pourtant, le climat a à peine été évoqué dans la campagne présidentielle américaine. Les deux candidats, pris dans la tourmente publicitaire préélectorale, se comportent comme s'ils n'avaient aucune idée de ce qui est vraiment important pour l'avenir de leur pays.

Sandy va peut-être leur servir de cuisant rappel à l'ordre...

(La version originale de ce texte a été publiée le 30 octobre 2012.)

Ce qui influence vraiment les juges

La commission Bastarache examine en ce moment le processus de nomination des juges au Québec à la suite des allégations de l'ancien ministre de la Justice Marc Bellemare, qui croit que des personnes liées au Parti libéral du Québec auraient influencé ce processus. Des chercheurs américains se sont pour leur part intéressés à un tout autre élément susceptible de faire pencher la balance de la justice : l'apparence physique des accusés...

L'étude de Justin Gunnell et Stephen Ceci, de l'Université Cornell, aux États-Unis, a été publiée en juin dans la revue *Behavioral Sciences and the Law*. Les deux chercheurs ont présenté à 169 étudiants en psychologie de l'Université Cornell le dossier d'accusation d'un homme, reconnu coupable d'avoir agressé avec un marteau son ex-petite amie, en leur demandant de se prononcer comme juré.

Pour accompagner ce dossier, les chercheurs ont aussi sélectionné, dans une banque d'images judiciaires, les photos de huit hommes : quatre considérés comme « plutôt séduisants » lors d'un prétest, et quatre comme « non séduisants ». Aucun ne souriait, tous étaient blancs et avaient environ le même âge. Puis, les chercheurs ont distribué l'une ou l'autre de ces huit photos aux étudiants chargés de déterminer la peine.

En moyenne, les dossiers accompagnés de la photo d'un homme non séduisant ont récolté une peine de 22 mois plus longue que les autres.

Autrement dit, le « délit de sale gueule » coûte presque deux ans de prison aux accusés !

(La version originale de ce texte a été publiée le 23 septembre 2010.)

Comment tromper un chien détecteur

Les chiens utilisés pour repérer de la drogue ou des explosifs sont très influencés par ce que croient leurs maîtres, démontre une étude publiée en janvier dans le journal *Animal Cognition*.

La chercheuse postdoctorale Lisa Lit, du MIND Institute, de l'Université de Californie à Davis, a effectué une expérience astucieuse, à laquelle ont participé 18 maîtres-chiens expérimentés et leurs animaux, tous au service d'agences de sécurité reconnues par les autorités américaines. Elle a demandé aux maîtres de faire détecter de la drogue ou des explosifs à leurs chiens dans quatre salles, en leur disant qu'il pouvait y avoir jusqu'à trois « cibles » à repérer par pièce.

Dans la première pièce, la chercheuse s'est contentée d'entrer, de faire quelques pas et de ressortir. Dans la seconde, elle a collé un petit bout de carton rouge sur un placard. Dans la troisième, elle a placé des leurres — deux balles de tennis et deux saucisses — hors de la vue des chiens et de leurs maîtres. Dans la dernière pièce, elle a mis les mêmes leurres et placé un carton rouge.

Lisa Lit n'a mis ni drogue ni explosif dans ces quatre pièces. Mais elle a induit en erreur les maîtres-chiens en leur disant que les bouts de papier rouge indiquaient où se trouvaient les cibles.

Les équipes ont fouillé chacune des pièces pendant cinq minutes, à deux reprises, dans un ordre différent. Les maîtres devaient alerter la chercheuse dès qu'ils pensaient que leur chien avait repéré quelque chose.

Dans toutes les pièces, il y a eu des alertes. Alors qu'il n'y avait rien de suspect nulle part.

Plus surprenant encore, les alertes ont été plus nombreuses là où se trouvaient les cartons rouges, un signal que seuls les maîtres pouvaient interpréter. Même les saucisses et les balles de tennis ont moins éveillé l'intérêt des chiens que ces bouts de carton rouge.

La chercheuse, une ancienne maître-chien elle-même, en a déduit que les chiens renifleurs, même lorsqu'ils sont bien entraînés, sont nettement influencés par les signaux non verbaux de leurs maîtres. Dans une prochaine étude, elle compte recommencer l'expérience en filmant les protagonistes pour déterminer ces signaux et aider ainsi les maîtres à essayer de s'en affranchir.

Si l'on veut utiliser ces chiens pour dépister des cancers, comme le laisse entendre une autre étude sortie ces jours-ci, on aura intérêt à se méfier des faux positifs...

On sait depuis longtemps que les animaux domestiques, en particulier les chiens, sont influencés par les signaux non verbaux inconscients de leurs propriétaires. Mais cela n'avait jamais été mis clairement en évidence avec des chiens renifleurs, supposés obéir à leur seul flair.

Le fait qu'un animal soit influencé par son maître est un phénomène connu des chercheurs en psychologie sous le nom d'effet Clever Hans, du nom d'un cheval particulièrement malin dont le cas passionna les scientifiques au début du XXe siècle. « Hans le malin » était capable de répondre à nombre de questions d'arithmétique. On crut d'abord à une supercherie, jusqu'à ce qu'on découvre qu'il répondait correctement aux questions, même en l'absence de son maître... mais seulement si la personne qui l'interrogeait connaissait les réponses et si le cheval pouvait voir cette personne !

Le cheval Hans ne savait pas compter, il était seulement particulièrement doué pour décrypter les signaux non verbaux de celui qui l'interrogeait.

Pour en savoir plus, vous pouvez lire (en anglais) toute l'histoire racontée par le découvreur de cet effet, Oskar Pfungst, dans un livre de 1911 diffusé sur le site du projet Gutenberg, à : gutenberg.org/ebooks/33936

(La version originale de ce texte a été publiée le 4 février 2011.)

***

Neurosciences au tribunal : pas si vite !

Peut-on utiliser l'imagerie cérébrale ou l'analyse de marqueurs génétiques de traits de personnalité ou de troubles psychologiques pour accuser ou innocenter des criminels ?

Le recours à de telles preuves s'étend rapidement dans le monde — aux États-Unis seulement, le nombre de procès où des spécialistes en neurosciences sont intervenus a doublé de 2005 à 2009. Pourtant, le système judiciaire et les scientifiques devraient se montrer beaucoup plus prudents, selon la Société royale britannique.

Dans son rapport *Neurosciences and the Law,* rendu public cette semaine, la société savante fournit de multiples raisons pour lesquelles le recours aux neurosciences devant les tribunaux lui paraît encore largement abusif.

Du point de vue scientifique, on est encore loin du jour où l'on pourra relier de manière certaine l'activité du cerveau dans certaines zones à des comportements bien précis, rappelle-t-elle.

La plupart des connaissances ont été acquises dans le cadre d'études en laboratoire. Et les chercheurs ne peuvent étudier que des modèles de comportements très simplifiés, qu'il est encore difficile de traduire par des connaissances sur ce qui se passe dans la « vraie vie ». En outre, les études fournissent seulement des résultats moyens, basés sur l'analyse d'un certain nombre de personnes. Ce ne sont en aucun cas des normes auxquelles on peut ensuite comparer un être précis.

Le cerveau, qui plus est, change à chaque instant. Faire passer une IRM fonctionnelle à un accusé quelques mois après son crime présumé n'a donc aucun sens.

De même, on connaît pour l'instant très peu de gènes directement associés à des comportements potentiellement criminels. Et l'analyse de gènes de susceptibilité, qui peuvent avoir été grandement modulés par l'environnement, ne permet pas d'apporter des preuves solides. Mais surtout, selon la Société royale, les neurosciences ne font généralement qu'établir des corrélations, et non des liens de cause à effet.

En résumé, les neurosciences ne sont pas faciles à comprendre ni à interpréter, encore moins pour ceux qui ne sont pas des spécialistes. Or, les avocats et les juges n'ont aucune formation dans ce domaine, pas plus que les spécialistes en neurosciences n'ont de connaissances sur les multiples implications juridiques potentielles de leurs découvertes, note la Société royale.

Tant que ce manque de formation de part et d'autre n'aura pas été comblé, la plus grande prudence devrait s'imposer.

(La version originale de ce texte a été publiée le 15 décembre 2011.)

CHAPITRE 3 // L'ALIMENTATION

Oui au jambon dans les boîtes à lunch

Ne mettez plus de jambon dans les boîtes à lunch de vos enfants! Avec une telle mise en garde à quelques jours de la rentrée scolaire, le Fonds mondial de la recherche contre le cancer était sûr d'attirer l'attention des médias et des parents sur les risques associés à la consommation abusive de charcuteries et de viandes transformées. Quitte à aller au-delà de la recommandation que le Fonds a lui-même édictée à ce sujet il y a deux ans (qui correspond d'ailleurs aux recommandations de la Société canadienne du cancer et du ministère de la Santé du Canada) et qui se résume au message suivant: les charcuteries, oui, mais à petites doses, et pas trop souvent.

Je veux bien croire qu'il y a trop de cancers liés à la malbouffe dans notre société. Mais si tous les organismes de santé publique adoptent cette stratégie de communication pour faire passer leurs messages, on criera bientôt au loup pour tout et n'importe quoi. Plus personne n'y croira et ce seront les petits cochons qui nous mangeront.

Le Fonds ne s'appuie sur aucune nouvelle étude qui justifierait qu'on interdise le jambon aux enfants. Même si c'est pour une bonne cause, il nous ment et profite du sentiment de culpabilité des parents pour faire passer son message de santé publique (ce qui ne doit pas nuire à ses campagnes de financement, soit dit en passant).

Les viandes transformées et le jambon contiennent des nitrites, du sel et des matières grasses, connus pour augmenter le risque de cancer colorectal. Pour les adultes, le Fonds estime que le risque augmente à partir de 70 grammes par semaine de bacon, soit environ trois tranches. Pour les enfants, il ne le dit pas, puisqu'on n'en sait rien, cela n'a jamais été étudié.

Jambon et autres saucisses à hotdog ne rendront pas les enfants malades sur-le-champ, mais leur consommation risque d'habituer les jeunes à apprécier ces aliments potentiellement dangereux lorsqu'on en abuse, surtout quand c'est au détriment d'aliments plus sains, tels que les fruits et légumes, explique le Fonds. En demandant aux parents de renoncer complètement au jambon dans les boîtes à lunch, le Fonds prétend les aider à ne pas donner de mauvaises habitudes alimentaires à leurs enfants.

Sauf qu'il y a une différence entre interdire et éduquer. Va-t-on interdire Internet aux enfants sous prétexte qu'il y a des cyberpédophiles embusqués sur la Toile ? Non, on va leur apprendre à adopter des comportements sûrs. C'est pareil pour le jambon ou les saucisses à hotdog. Interdisez-les et les jeunes s'en gaveront dès que vous aurez le dos tourné.

Alors, oui, vous pouvez continuer à mettre du jambon dans la boîte à lunch de fiston. Mais pas tous les jours ni en grande quantité. Et choisissez de préférence une marque pas trop salée ni trop grasse (regardez les étiquettes, vous verrez qu'il y a d'énormes différences entre les produits). Et si votre enfant en réclame, vous lui expliquerez pourquoi il ne faut pas en abuser, sans pour autant le terroriser avec des histoires d'horreur.

Et dans ces conditions, vous n'aurez pas à vous inquiéter du taux de nitrites, qui est quand même réglementé et à peu près respecté par les industriels.

(La version originale de ce texte a été publiée le 25 août 2009.)

* * *

Du saumon transgénique bientôt au menu

La Food and Drug Administration (FDA) décidera fin septembre si elle autorise la commercialisation aux États-Unis du saumon transgénique AquAdvantage, de la société AquaBounty, de Boston, qui possède aussi des installations à Terre-Neuve et sur l'Île-du-Prince-Édouard.

S'il est accepté, ce poisson, qui atteint sa taille adulte deux fois plus vite que le saumon de l'Atlantique ordinaire, deviendrait le premier animal transgénique au monde destiné à la consommation humaine.

Selon le spécialiste Eric Hallerman, de l'Université Virginia Tech, interrogé par le magazine *MIT Technology Review* à ce sujet, la décision rendue par la FDA influencera la manière dont les animaux transgéniques seront éventuellement approuvés et réglementés partout dans le monde.

Ce saumon de l'Atlantique transgénique a été mis au point au début des années 1990. Dans son génome, les chercheurs d'Aqua-Bounty ont inséré le gène codant pour l'hormone de croissance du saumon royal du Pacifique (*Oncorhynchus tshawytscha*). Ils y ont aussi placé un petit morceau de l'ADN d'une troisième espèce de poisson, qui permet de contrôler la quantité d'hormone de croissance sécrétée par le saumon.

« Dopé » par le gène de son cousin du Pacifique, le saumon AquAdvantage grossit plus vite dans sa première année de vie que les autres saumons de l'Atlantique, qui produisent aussi de l'hormone de croissance, mais en quantité moindre.

Selon le rapport préliminaire publié la semaine dernière par la FDA, le saumon AquAdvantage semble aussi sûr à consommer que le saumon ordinaire, et il ne représenterait pas un risque notable pour l'environnement. Il a donc de bonnes chances d'être autorisé.

Dans les dernières années, des écologistes et des scientifiques se sont inquiétés des risques pour l'environnement engendrés par des poissons transgéniques qui s'échapperaient des élevages : ils risqueraient alors de transférer leurs gènes mutants en se reproduisant avec des poissons sauvages. AquaBounty affirme que ce risque est maîtrisé. D'une part, les saumons transgéniques (toutes des femelles) sont stériles, d'autre part, ils sont élevés non pas en pleine mer, mais dans de grands bassins à l'intérieur des terres.

Le protocole d'élevage que la FDA pourrait approuver est le suivant (vous allez voir, c'est surprenant!) : les œufs contenant les embryons seront produits à l'Île-du-Prince-Édouard, puis envoyés par bateau jusqu'au Panamá, où ils seront élevés dans des bassins en circuit fermé, dans les montagnes. Les poissons seront ensuite préparés au Panamá, puis expédiés par bateau jusqu'aux États-Unis, où ils seront vendus aux consommateurs. On est loin du saumon sauvage voyageant entre la mer et sa rivière natale !

Côté sécurité alimentaire, la FDA conclut dans son rapport préliminaire que la modification génétique n'a pas d'effet sur la composition du poisson : le saumon transgénique est, selon ses critères, aussi sûr que le saumon d'élevage ordinaire. Il ne représente notamment pas un risque d'allergie accru, puisque la modification génétique n'implique pas la production d'une protéine nouvelle.

La FDA doit aussi décider si le saumon sera étiqueté comme transgénique ou non, ce qui influencera probablement beaucoup les ventes éventuelles.

Selon Ruth Salmon, directrice générale de l'Alliance de l'industrie canadienne de l'aquaculture, citée par la revue *MIT Technology*

Review, l'industrie est majoritairement contre la commercialisation du saumon transgénique pour l'instant.

Mais si les producteurs se voient offrir d'élever une espèce qui atteint deux fois plus vite sa taille adulte et qu'ils n'ont pas besoin de l'étiqueter comme transgénique, on peut douter qu'ils lui tournent le dos longtemps !

(La version originale de ce texte a été publiée le 13 septembre 2010.)

NDA : La FDA n'a toujours pas rendu son rapport final. En novembre 2013, le ministère de l'Environnement du Canada a approuvé la production commerciale d'œufs de saumon modifié génétiquement, mais le poisson n'a pas encore reçu d'approbation pour la consommation humaine.

La malbouffe ferait-elle maigrir ?

Les aliments santé font-ils davantage grossir que les frites ou les boissons gazeuses ? Une étude menée à l'Université Laval montre qu'il est parfois intéressant d'aller un peu plus loin que les idées reçues...

Véronique Provencher, professeure adjointe au Département des sciences des aliments et de nutrition, étudie la manière dont la perception des aliments influence leur consommation. Ses recherches montrent que la plupart des consommateurs se trompent sur les aliments santé, qu'ils croient — à tort — moins caloriques que les autres.

Lors d'une étude présentée récemment, elle a calculé qu'on sous-estime de 21 % en moyenne l'apport calorique réel des « bons » aliments et qu'on surestime de 27 % celui des aliments qui ne bénéficient pas de l'aura santé. La manière dont on nous présente les aliments influencerait même la quantité qu'on va manger.

Pour le vérifier, la chercheuse a proposé à deux groupes de déguster des biscuits à l'avoine et aux raisins, qu'elle leur a présentés soit comme une collation riche en fibres solubles, faible en gras saturés et sans gras trans, soit comme des biscuits gourmets faits avec du beurre et du sucre brun.

Résultat : les gens qui croyaient avoir affaire à une collation santé ont mangé 35 % plus de biscuits que les autres. Toute une différence sur le pèse-personne.

(La version originale de ce texte a été publiée le 5 octobre 2010.)

***

Un poison au goût amer

Télé-Québec diffusera dimanche soir *Notre poison quotidien,* de la documentariste française Marie-Monique Robin, qui accuse l'industrie chimique et agroalimentaire de nous intoxiquer avec tous les pesticides, édulcorants et autres conservateurs qui se retrouvent dans nos assiettes. Même si les médias sont unanimes à saluer le travail d'enquête de la journaliste, j'avoue que ce documentaire me laisse un petit goût amer.

Dans les grandes lignes, je crois que Marie-Monique Robin a raison : l'industrie ne se soucie guère des effets de ces produits sur notre santé et sur l'environnement, et les autorités sont trop souvent complaisantes. Il ne fait aucun doute que la vigilance est de mise.

Mais le diable est dans les détails, dit-on. Voici donc, dans le désordre, quelques éléments qui me chicotent dans ce livre publié chez Stanké au Québec.

Tout d'abord, cette idée — fort populaire — que nous baignons dans une véritable soupe chimique depuis que l'industrie nous inonde de produits de synthèse. Marie-Monique Robin avance le chiffre de 100 000 produits, sans nous donner sa source. Voilà un chiffre qui frappe l'imagination du commun des mortels. Mais qui sait que les chimistes ont répertorié environ 60 millions de molécules de toutes origines ? Replacer ce chiffre de 100 000 produits de synthèse dans son contexte n'aurait pas nui.

« Oui, mais on est habitué à ce qui est dans la nature, alors que les produits de synthèse nous sont étrangers », entend-on souvent. C'est un peu vrai, mais pas complètement.

Si nombre de ces produits de synthèse sont effectivement toxiques, il en va de même de bien des produits naturels, tout comme il existe des produits de synthèse parfaitement inoffensifs, voire bénéfiques. La roténone, un pesticide naturel utilisé en agriculture biologique, a été interdite récemment, parce qu'on la soupçonne d'être une cause de la maladie de Parkinson chez les agriculteurs. Sachant que d'innombrables personnes diabolisent la chimie de synthèse, Marie-Monique Robin se devait d'expliquer clairement cette nuance. Ne pas le faire correspond à une certaine forme de populisme scientifique.

On frôle parfois la malhonnêteté intellectuelle quand, dans les premières minutes de son film, Marie-Monique Robin « oublie » un détail lorsqu'elle annonce que les pesticides tuent 200 000 personnes par an : elle omet de préciser que 91 % de ces décès sont des suicides par ingestion volontaire de grandes quantités, souvent commis par des paysans désespérés.

Après avoir lu ou regardé *Notre poison quotidien*, de nombreuses personnes vont penser que tous ces produits chimiques nous tuent à petit feu et que les autorités s'en foutent, conclusion qui manque sérieusement de nuances. En Europe comme au Canada et aux États-Unis, les gouvernements se préoccupent comme jamais auparavant de la salubrité de notre alimentation et de la toxicité de certaines substances.

Dans certains cas, comme pour nombre de pesticides d'usage domestique, il était temps. Dans d'autres, comme le cas du bisphénol A au Canada ou des parabènes en Europe, les décisions d'interdiction tombent alors que la recherche est encore très jeune. Le principe de précaution intervient de plus en plus vite.

La dernière chose qui me gêne avec *Notre poison quotidien* n'a rien à voir avec le travail de Marie-Monique Robin, mais avec celui des journalistes et animateurs qui l'ont interviewée. Avez-vous entendu beaucoup de gens remettre en cause ses conclusions ? Lui poser des questions gênantes ? Prendre du recul en citant des chiffres ou des faits qui ne sont pas tirés de son livre ou du documentaire ? Interviewer des personnes qui pourraient ne pas être du même avis ? Je serais curieuse de savoir combien ont vérifié ne serait-ce qu'une des informations données par Marie-Monique Robin !

Je suis évidemment pour tout travail d'enquête qui vise à dénoncer les dérives du lobbyisme, particulièrement quand il en va de la santé de la population. Et surtout dans un pays comme le Canada, où il est devenu on ne peut plus difficile de savoir ce qui se trame derrière les portes, closes aux médias, de ministères comme ceux de la Santé ou de l'Agriculture.

Mais en s'en prenant à la dangerosité de la soupe chimique, Marie-Monique Robin tape sur le mauvais clou.

(La version originale de ce texte a été publiée le 3 juin 2011.)

Anti-OGM, climatosceptiques : même combat

Le chercheur français Gilles-Éric Séralini a provoqué un vent de panique en publiant récemment une étude liant la consommation de maïs génétiquement modifié à l'apparition de cancers chez des rats.

Pour de nombreux spécialistes, cependant, les méthodes statistiques sur lesquelles s'appuie ce chercheur, opposant déclaré aux OGM, ne tiennent pas la route. D'autres critiquent le type de rats auxquels on a eu recours pour cette expérience de deux ans, puisque cette espèce, utilisée dans des études plus courtes, est connue pour avoir des tumeurs en vieillissant.

Les résultats de Gilles-Éric Séralini contredisent aussi toutes les études sérieuses publiées sur ce sujet, et dont aucune n'a réussi à prouver la toxicité des OGM — y compris celles menées tout à fait indépendamment de cette industrie.

L'étude du professeur Séralini, elle, a été financée par les détracteurs des OGM. Dont le Comité de recherche et d'information indépendantes sur le génie génétique, un organisme militant contre les OGM dirigé par Gilles-Éric Séralini, qui sort un livre et un film sur le sujet. Et TV5 doit aussi bientôt présenter un reportage tourné depuis les tout premiers débuts de l'étude... donc avant même qu'on en connaisse les résultats. Tous ces efforts pour publiciser des travaux avant même qu'ils soient terminés n'augurent rien de bon.

En France, l'étude a fait la une de certains journaux, comme *Le Monde,* qui, en échange de l'information, ont accepté de signer des ententes avec le chercheur, ententes leur interdisant de soumettre les résultats de ses travaux au regard critique d'autres experts. La BBC a refusé de se plier à ces exigences.

Le Nouvel Observateur en a fait sept pages avec un reportage d'une rare complaisance, et mis en couverture un titre ultraracoleur : « Oui, les OGM sont des poisons ».

Foutaise ! Je ne croyais pas mes confrères français capables de tomber aussi bas...

Cette vaste opération de marketing a d'ailleurs été dénoncée par de nombreux journalistes scientifiques, de *Nature* à l'Agence Science-Presse en passant par *Libération*. Tous y ont reconnu des stratégies de communication de la science généralement associées aux études qui ne sont que... du vent.

Rappelez-vous le fossile Ida, le « chaînon manquant » de 47 millions d'années découvert en 2009. La découverte avait fait la une de Google et d'innombrables médias, donné naissance à un livre, un site Web, un film, une expo annoncée par le maire de New York en personne, le tout préparé plus d'un an et demi avant la publication de l'étude scientifique dans la revue *PLoS One*. Pour ne pas gâcher tous ces efforts, *PLoS One* avait interdit à quiconque de lire l'étude avant sa publication, pratique pourtant courante en journalisme scientifique, puisqu'elle permet de recueillir des avis avant de publier.

Il avait fallu seulement deux ou trois jours pour que toute cette histoire se dégonfle, et moins de six mois pour qu'une autre étude conteste le fait qu'Ida soit même une ancêtre de l'humanité. Mais vous ne l'avez peut-être pas su, parce que cette autre étude n'a pas fait l'objet d'un documentaire ni figuré en une de Google...

Une stratégie similaire est utilisée par les climatosceptiques pour faire mousser des études qui vont à l'encontre du consensus scientifique, financées par des opposants connus disposant d'appuis politiques, et publicisées avant même d'avoir été publiées dans des revues savantes et soumises à la critique des pairs. Ces études, après analyse d'un point de vue scientifique, s'avèrent généralement boiteuses ou incomplètes et ne changent rien ou presque au consensus.

Personne n'a jamais noté d'épidémie d'énormes tumeurs cancéreuses chez les millions de rongeurs qui se nourrissent dans les champs d'OGM partout ou presque dans le monde depuis des années. S'il y en avait, les opposants aux OGM les auraient trouvées depuis longtemps !

Tout cela fait dire au magazine *Slate* que les opposants aux OGM sont les « climatosceptiques de la gauche ». C'est vrai que les deux excellent à manipuler l'opinion publique sous couvert de science...

(La version originale de ce texte a été publiée le 1ᵉʳ octobre 2012.)

NDA : Coup de théâtre en décembre 2013, la revue savante *Food and Chemical Toxicology*, qui avait publié l'étude du professeur Séralini, a décidé de la retirer de ses pages après l'avoir fait réexaminer par un comité d'experts, qui l'a jugée « *inconclusive* » (réfutable). Les experts n'ont décelé ni fraude ni erreur de calcul de la part du chercheur, mais ont statué que son protocole expérimental ne permettait pas d'aboutir aux conclusions exposées dans l'étude.

Twitter et les antibiotiques

Les médias sociaux peuvent-ils améliorer la diffusion d'informations de qualité concernant la santé? C'est ce qu'ont voulu savoir des chercheurs américains en analysant la manière dont on parle des antibiotiques sur le réseau Twitter. Leur étude a été publiée dans l'*American Journal of Infection Control*.

Les chercheurs de l'Université Columbia ont sélectionné un millier de gazouillis contenant le mot «*antibiotic*», qu'ils ont couplé à d'autres mots-clés pour estimer le type d'information transmise. Sur 1 000 messages, le mot «antibiotique» était associé 345 fois à «*flu*» (grippe) et 302 fois à «*cold*» (rhume)... alors que les antibiotiques sont inutiles pour traiter ces deux affections.

Selon les chercheurs, le milieu médical aurait tout intérêt à regarder de près les médias sociaux, qui sont effectivement devenus un nouveau lieu d'échange d'informations en matière de santé. Twitter et les autres réseaux pourraient, par exemple, servir à repérer par mots-clés des comportements inappropriés (comme prendre des antibiotiques pour soigner un rhume) et à envoyer des messages ciblés à leurs auteurs, et plus généralement à orienter et cibler la prévention.

(La version originale de ce texte a été publiée le 14 avril 2010.)

***

Facebook rend-il dépressif?

Facebook causerait la dépression, peut-on lire un peu partout aujourd'hui, à la suite de la publication hier d'un article dans la revue américaine *Pediatrics* sur les répercussions des médias sociaux sur les jeunes.

Sauf que ce n'est pas du tout ce que prétend cette étude, qui n'en est d'ailleurs pas une!

Le document qui fait tant de bruit est un rapport clinique, publié par l'American Academy of Pediatrics, qui vise à conseiller les pédiatres en leur exposant ce que l'on sait de l'effet des réseaux sociaux sur la santé mentale des enfants et des adolescents. Il commence par ces mots (traduction libre): «S'engager dans différentes formes de médias sociaux est une activité de routine dont la recherche a démontré qu'elle profite aux enfants et aux adolescents en améliorant la communication, les contacts sociaux et même des habiletés techniques.»

Le rapport clinique a confirmé que des comportements comme l'intimidation ou l'expérimentation sexuelle s'expriment fréquemment en ligne, et que les parents ont tendance à croire ce phénomène moins important qu'il ne l'est réellement.

La «dépression Facebook» est un nouveau phénomène que des chercheurs pensent avoir décelé en 2010. Cette forme de dépression toucherait des enfants ou des adolescents qui passent beaucoup de temps sur des sites de médias sociaux comme Facebook.

«On *croit* que l'intensité du monde en ligne *pourrait* être un facteur déclencheur de dépression chez *certains* adolescents», expliquent les chercheurs. Remarquez les éléments de prudence dans cette phrase, dus au fait que les études sont encore embryonnaires à ce sujet, comme en témoignent les références dans le texte des chercheurs.

De là à en déduire que Facebook rend dépressif, il y a tout un monde!

Selon ce qu'on en sait, les ados atteints de cette «dépression Facebook» seraient plus à risque d'isolement social et pourraient être tentés de se tourner vers des sites Internet à risque, faisant la promotion de l'abus de drogues, de comportements agressifs ou autodestructeurs, dit-on.

D'où l'importance pour les parents et les pédiatres de prendre garde aussi à cet aspect de la vie des jeunes.

(La version originale de ce texte a été publiée le 29 mars 2011.)

Des sciences intensives en 6e année ?

Alors que les Québécois discutent de l'instauration d'un programme d'anglais intensif en 6e année du primaire, j'ai une autre suggestion à faire aux autorités : un programme intensif... de sciences !

On ne cesse de nous le répéter : nous vivons dans une société du savoir, qui dépend, pour assurer son avenir, de la capacité de sa population d'aborder des problématiques complexes. On a besoin de beaucoup plus d'employés mieux formés (et moins de décrocheurs) ainsi que d'un plus grand nombre de citoyens éclairés. On a besoin que les prochaines générations comptent plus d'ingénieurs, de programmeurs, de scientifiques et de médecins. Mais ça coince. Malgré tous les efforts, de moins en moins de petits Québécois sont attirés par les sciences, comme l'expliquaient récemment des chercheurs de Montréal et de Sherbrooke qui ont mis sur pied en janvier 2012 la Chaire de recherche sur l'intérêt des jeunes à l'égard des sciences et de la technologie.

Rêvons un peu et imaginons une année d'enseignement des sciences au primaire. Les autres matières ne seraient pas abandonnées, loin de là. On peut faire du français en sciences : apprendre l'étymologie, les suffixes et préfixes (éco, bio, méga, nano...), la différence entre le conditionnel, le passé et le futur...

On peut évidemment faire plein de maths. On peut aussi faire beaucoup d'anglais, puisque cette langue est celle de la communication scientifique dans le monde. Plutôt que de l'anglais pour l'anglais, visitons des expos virtuelles de l'Exploratorium de San Francisco, les pages consacrées à la science dans le site de la BBC et écoutons la chaîne télé Discovery Kids.

La science est également une formidable porte d'entrée sur l'histoire des idées et des civilisations, puisque chaque période de l'humanité a été marquée par de grandes découvertes scientifiques et innovations technologiques : imprimerie, machine à vapeur, conquête spatiale...

On peut beaucoup parler d'éthique en science, discuter de clonage, du climat, des nanotechnologies, et de l'impossibilité pour la science de démontrer que Dieu existe ou qu'il n'existe pas.

Par les sciences, on peut découvrir beaucoup d'histoires inspirantes, expérimenter, apprendre à repérer ses erreurs et à se montrer rigoureux. (Essayez de faire de la chimie ou de la robotique à peu près, ça ne marche pas !)

On sait depuis longtemps que l'enseignement des sciences est problématique au primaire, principalement à cause du manque de compétences des enseignants. Donnons à ceux-ci l'occasion de s'y mettre une bonne fois pour toutes, avec un programme de formation des maîtres intensif en sciences !

Au secondaire aussi, la place occupée par les sciences dans le programme est bien trop limitée. Comme le rappelait récemment mon collègue de la SRC Yanick Villedieu dans une discussion sur l'analphabétisme scientifique à *Bazzo.tv,* les petits Québécois ont un an (la 3ᵉ secondaire) pour apprendre la biologie ! Comment voulez-vous ensuite qu'ils ne tombent pas dans le panneau de ceux qui prétendent que la sudation extrême purifie l'esprit ?

Plutôt que de saupoudrer de la science, mettons le paquet dès le primaire pour permettre à nos enfants de comprendre très tôt comment fonctionne le monde dans lequel ils vivent. On augmentera ainsi nos chances d'en faire des esprits éclairés, un petit peu mieux outillés pour résister aux idées toutes faites, aux charlatans et aux démagogues.

(La version originale de ce texte a été publiée le 15 février 2012.)

La culture scientifique comme projet mobilisateur

Dans les dernières années, l'influence d'idéologues, le poids de lobbys industriels et d'organismes militants, couplés à l'explosion d'Internet, ont décuplé la quantité d'informations scientifiques déformées auxquelles peut accéder la population. Cette désinformation scientifique à grande échelle coûte très cher à la société.

Tout d'abord, elle décourage nombre de jeunes de se lancer dans des études en sciences et en génie, alors même que cette relève est indispensable.

Par ailleurs, cette désinformation conduit une partie de la population à adopter des comportements contre-productifs pour son bien-être et amène les acteurs politiques à prendre de mauvaises décisions. Par exemple, sous l'influence des mouvements antivaccinations, très actifs sur Internet, des maladies infantiles, comme la rougeole, sont en recrudescence. Le soutien aux politiques vigoureuses en matière de lutte contre les changements climatiques, quant à lui, est affaibli par les «climatosceptiques», de plus en plus présents dans la presse populaire, soutenus par de puissants lobbys.

Et alors que la lutte contre le surpoids revêt une importance cruciale pour la santé, la population ne sait plus à quel saint se vouer en matière de nutrition. Elle est sans cesse bombardée de nouvelles études, vantées au moyen de communiqués qui, sans mise en contexte, disent tout et son contraire.

Il est temps de mettre sur pied un grand chantier pour tenter d'affranchir les Québécois de ces influences néfastes.

Québec a justement entrepris de consulter les scientifiques et tous les gens que cela intéresse pour élaborer sa prochaine Stratégie québécoise de la recherche et de l'innovation. L'Association francophone pour le savoir (ACFAS) et l'Association pour le développement de la recherche et de l'innovation du Québec (ADRIQ) ont été mandatées pour recueillir les avis.

La dernière stratégie, qui couvrait la période 2010-2013, avait été plutôt bien accueillie. Elle prévoyait notamment de mettre sur pied cinq chantiers mobilisateurs pour fédérer la recherche et l'innovation dans des domaines jugés prioritaires : l'avion écologique, l'autobus électrique, le bioraffinage forestier, les technologies de l'information et de la communication (TIC) vertes et les soins de santé personnalisés.

Maintenant que Québec a satisfait plusieurs secteurs industriels ayant besoin d'innovations, on pourrait penser plus largement, dans la prochaine phase, et faire du rehaussement du niveau de la culture scientifique de la population un chantier mobilisateur.

(La version originale de ce texte a été publiée le 4 juin 2012.)

Les trois bons coups de la politique scientifique

La Politique nationale de la recherche et de l'innovation (PNRI), présentée la semaine dernière par le ministre Pierre Duchesne, a été très bien reçue, tant du côté des chercheurs (voir l'avis de l'Association francophone pour le savoir [ACFAS]) que des entreprises (voir l'avis de l'Association pour le développement de la recherche et de l'innovation du Québec [ADRIQ]). L'opposition, pour sa part, y voit une mesure électoraliste.

Dotée d'un budget de 3,7 milliards de dollars, la PNRI s'étend sur cinq ans, alors que les précédentes portaient sur trois ans, période jugée trop courte par les chercheurs. Elle prévoit tout un train de mesures pour encourager la recherche, la formation de la relève scientifique et l'innovation en entreprise, que de nombreux journalistes ont bien résumées dans les derniers jours.

Mais elle se distingue nettement concernant trois points essentiels.

1. Une vision claire des défis

Tandis que dans ce genre de document on se contente habituellement d'un discours un peu creux sur les finalités d'une politique scientifique (la société du savoir comme source de richesse et d'épanouissement...), la PNRI innove en détaillant les trois domaines dans lesquels le Québec a absolument besoin des connaissances issues de la recherche pour préparer son avenir :

- les changements démographiques (les multiples répercussions du vieillissement de la population) ;
- le développement durable, particulièrement sous l'angle des changements climatiques et de la sécurité énergétique ;
- l'identité québécoise, entendue comme étant la manière dont les Québécois peuvent vivre ensemble en s'entendant sur certaines valeurs (débat hautement d'actualité...).

Qu'elle soit fondamentale ou appliquée, la recherche que financera Québec devra autant que possible essayer de s'attaquer à ces trois défis.

Chacun de ces défis ratisse assez large, ce qui ne devrait donc pas brimer grand monde. En même temps, l'État indique clairement ce qu'il attend des scientifiques, ce qui semble justifié compte tenu des sommes qu'il met à leur disposition.

2. La culture scientifique comme pilier de la société du savoir

Les stratégies de recherche et d'innovation vont rarement au-delà du discours convenu sur l'importance d'une population éclairée et sur la nécessité de préparer la relève, et consacrent des fonds faméliques aux acteurs sur le terrain. Or, la PNRI va beaucoup plus loin, tant dans son analyse du défi de la culture scientifique que dans les budgets alloués.

Dans la stratégie 2010-2013, les efforts en matière de culture scientifique se résumaient essentiellement au programme Novascience, doté de 4,9 millions de dollars sur trois ans, qui encourageait surtout les projets visant à inciter les jeunes à se tourner vers les carrières en sciences et technologies.

La culture scientifique était donc vue comme une question de formation de la main-d'œuvre, une vision hautement réductrice, alors qu'on ne compte plus le nombre de débats qui opposent la population, les entreprises et les autorités publiques sur des questions comprenant des notions de sciences et de technologies (ne pensons qu'au développement du gaz de schiste ou aux pipelines).

La nouvelle politique ne cible pas uniquement les jeunes. Elle prévoit aussi du soutien pour la science dans les musées, les manifestations à caractère scientifique dans des lieux comme les centres commerciaux, un soutien accru à la chaîne de télé Canal Savoir et même un encouragement au journalisme scientifique ! C'est la première fois qu'on reconnaît aussi explicitement que le traitement de la science dans les médias a son importance, et je ne peux que bien évidemment m'en réjouir.

La PNRI prévoit 21 millions sur trois ans et 41 millions sur cinq ans pour la culture scientifique. Elle compte aussi des mesures fort intéressantes pour soutenir l'enseignement des sciences au primaire, au secondaire et au collégial — comme l'ajout de 25 millions de dollars aux budgets existants pour financer de l'équipement dans les écoles, particulièrement au primaire et dans les milieux défavorisés. Espérons qu'il y aura aussi des fonds pour soutenir les enseignants qui s'en serviront.

3. L'interface science et politique

La PNRI met le doigt sur un autre problème fondamental : le fait que les politiques gouvernementales ne s'appuient pas toujours sur les résultats de la recherche, et donc sur les meilleures connaissances dont on peut disposer. Après une attaque en règle contre la politique fédérale obscurantiste du gouvernement Harper, Québec explique comment il compte faire mieux.

La PNRI prévoit deux actions notables à ce chapitre :

• «Créer une table de concertation interministérielle sur les grands enjeux de société afin d'assurer la convergence des actions de l'État en matière de recherche.»

Il faut y voir une tentative de tirer le meilleur parti des efforts de recherche internes de l'État. Actuellement, plusieurs ministères ont des (petites) équipes de chercheurs dans divers domaines, mais le tout manque de cohérence.

Faire travailler un peu plus ensemble les chercheurs des ressources naturelles et ceux de l'environnement, par exemple, permettrait certainement de tirer un bien meilleur parti de leurs expertises.

• « Favoriser la création de forums réguliers entre les élus et les chercheurs et trouver les modalités d'une meilleure interaction entre scientifiques et acteurs gouvernementaux. Ces rapports ne doivent pas servir à l'instrumentalisation de la recherche, mais visent l'usage systématique de ses résultats dans la définition et dans l'orientation des actions de l'État québécois. Ils ne doivent pas nuire à l'indépendance du milieu scientifique, car c'est la condition d'une recherche fiable fondée sur le respect des règles propres au domaine scientifique. Celles-ci doivent présider au développement de toute nouvelle connaissance comme de toute innovation, qu'elle soit sociale, technologique ou organisationnelle. »

Sur le papier, tout au moins, cette politique me semble donc fort innovante et fort intéressante. Maintenant que la table est mise, il reste à voir comment tout cela se concrétisera, alors que les rumeurs d'élections vont bon train...

(La version originale de ce texte a été publiée le 21 octobre 2013.)

Pourquoi j'irai me faire vacciner

J'irai me faire vacciner contre la grippe A (H1N1) quand ce sera mon tour.

Je n'ai pas peur du vaccin. Malgré tout ce qu'on a pu lire et entendre ces dernières semaines, la probabilité qu'il me donne autre chose qu'une « douleur au site d'injection » (qui peut s'apparenter aux courbatures qu'on ressent après un bon effort physique) est vraiment mince. On vaccine des gens contre la grippe depuis des décennies et ce virus n'est pas si différent de tous ceux qui se sont présentés jusqu'ici.

La recette est éprouvée, bien qu'on ait un peu changé les ingrédients. Même les adjuvants, qui inspirent la plus grande méfiance, sont utilisés depuis longtemps et ont déjà été injectés à de nombreuses personnes. Les protocoles d'approbation des autorités sanitaires n'ont jamais été aussi exigeants pour les laboratoires pharmaceutiques, même si on a accéléré les procédures devant la pandémie.

C'est certain, se faire vacciner n'est pas sans risque. Mais ce vaccin est infiniment moins dangereux qu'une multitude de comportements pourtant répandus : fumer, conduire avec quelques verres dans le nez ou un téléphone à la main, trop ou mal manger, passer de longues heures devant la télé plutôt que d'aller jouer dehors, travailler jusqu'à s'en rendre malade, prendre des produits de santé naturels pour soigner des maladies graves... Il y a un énorme écart entre le risque réel d'un vaccin et la perception de ce risque.

Se faire vacciner est surtout moins risqué que d'attraper ce virus, qui, selon les prévisions, pourrait toucher jusqu'à une personne sur trois. Même si la probabilité de mourir de cette grippe est très mince, elle est sans aucun doute largement supérieure à la probabilité de mourir à cause du vaccin.

Comme la grippe est contagieuse avant même de donner des symptômes, me faire vacciner diminue aussi la possibilité que je transmette le virus à des personnes à risque — des bébés de moins de six mois, chez qui le vaccin est inefficace. Se faire vacciner est un geste qu'on fait pour soi, mais aussi pour les autres.

Je vais me faire vacciner aussi parce que les autorités de santé publique le demandent. Les experts ont estimé que, dans l'état actuel des connaissances, mieux valait essayer de protéger l'humanité contre cette grippe avec des vaccins plutôt que de prendre le risque que les hôpitaux soient débordés par le nombre de gens malades. Se sont-ils trompés? C'est possible. Mais pour la première fois dans l'histoire de la santé publique, on pense avoir vu venir une pandémie avant qu'elle se matérialise. On a décidé d'essayer d'infléchir le cours des choses avec un vaccin. Je ne crois pas que cela soit une grande erreur, et encore moins une erreur grave. Même si je me suis fait vacciner pour rien, j'aurai au moins contribué à cette expérience planétaire dont tout le monde pourra tirer des leçons. On y verra plus clair à la prochaine pandémie, dans 20 ou 40 ans.

Compte tenu de la faible virulence de A (H1N1), fallait-il laisser tomber le vaccin et consacrer nos ressources à des problèmes de santé autrement plus criants à l'échelle de l'humanité? C'est possible encore une fois, car il y a effectivement de quoi faire. Malheureusement, le monde ne marche pas comme ça : le fait que d'innombrables enfants meurent de diarrhées sur la planète ne nous fait pas refuser de coûteuses opérations à des gens très âgés.

À moins d'une réforme radicale de la manière d'envisager la santé de l'humanité, le choix de ne pas me faire vacciner n'aidera en rien la cause des enfants victimes de la malaria. Même s'il faudra analyser soigneusement le rapport coûts et bénéfices de cette campagne de vaccination.

Aurait-on dû réserver ce vaccin aux gens les plus à risque de complications ? Là encore, c'est possible. Mais on a estimé que le meilleur moyen de protéger ces personnes était d'offrir le vaccin à tout le monde. Et qu'il serait rentable de limiter le nombre de gens malades pour diminuer l'absentéisme, susceptible de nuire aux services publics et à l'économie.

Il y a certes des experts qui, un peu partout sur la planète, critiquent l'Organisation mondiale de la santé (OMS) et les décisions des autorités de santé publique locales. Et leurs arguments méritent d'être écoutés attentivement. Reste que tous les pays industrialisés ont pris sensiblement la même décision : vacciner toute leur population, sur une base volontaire. Le consensus est mondial.

Je ne suis pas un mouton ni un suppôt de Big Pharma, mais je fais dans l'ensemble confiance au consensus scientifique. Je n'accorde en revanche aucune crédibilité à la pléthore de gens qui basent leur opinion sur des rumeurs ou sur une connaissance très partielle du sujet ni à tous ceux qui disent qu'ils sont certains d'avoir raison.

Je ne suis pas absolument certaine d'avoir raison d'aller me faire vacciner, mais tout bien pesé, cela me semble la décision la plus raisonnable.

(La version originale de ce texte a été publiée le 26 octobre 2009.)

***

Le spectre du vaccin tueur

Il n'y a aucune raison de croire que les futurs vaccins contre la grippe A (H1N1) augmenteront le risque de contracter une affection neurologique rare mais potentiellement mortelle, le syndrome de Guillain-Barré (SGB). Et même si cela devait arriver, ce serait bien moins risqué que de laisser tomber la vaccination.

Depuis quelques semaines, une vidéo troublante circule sur Internet. Cet enregistrement de l'émission américaine *60 minutes*, qui date de 1979, raconte qu'en 1976 les États-Unis ont mené une campagne de vaccination massive contre la grippe porcine, qui non seulement s'est avérée inutile, mais a été associée à une recrudescence du SGB. De nombreux opposants aux vaccins invoquent cette histoire pour se justifier, même si les scientifiques sont d'un tout autre avis.

Regardez cette vidéo si vous voulez. Mais avant d'en conclure que nos experts en santé publique et nos gouvernements sont nuls et nous mettent en danger avec la campagne de vaccination massive qui s'en vient, lisez ce qui suit.

L'histoire commence en janvier 1976 avec le décès, des suites de la grippe, d'un soldat sur la base militaire de Fort Dix, dans le New Jersey. En quelques semaines, on découvre qu'au moins 200 personnes vivant sur cette base ont été infectées par un virus d'origine porcine, que les spécialistes croient identique à celui qui avait provoqué la pandémie de 1918. Les autorités américaines ne prennent pas de risques : devant la menace d'une épidémie potentiellement dévastatrice et une population paniquée par le catastrophisme des médias, elles lancent une campagne de vaccination massive dans le pays à compter du mois d'octobre. Environ 45 millions d'Américains sont vaccinés.

En novembre, les Centers for Disease Control commencent à recevoir des rapports inquiétants, qui font état d'un nombre anormalement élevé de personnes atteintes du syndrome de Guillain-Barré, une maladie du système nerveux périphérique. L'épidémie appréhendée, elle, n'a pas eu lieu : aucun cas de grippe provoquée par le virus n'est survenu en dehors de Fort Dix. En décembre, les autorités américaines mettent fin au programme de vaccination. Par la suite, elles annonceront un plan de compensation pour indemniser les personnes qui ont contracté le syndrome de Guillain-Barré peu après avoir été vaccinées.

Depuis, toute cette histoire a été analysée en long et en large par une multitude d'épidémiologistes et d'autres spécialistes. Sans entrer dans les détails, voici quelques-unes des choses qu'on a apprises depuis 1976 et qu'on devrait garder en tête pour ce qui est de la pandémie actuelle.

Le vaccin utilisé aux États-Unis en 1976 est le seul vaccin contre la grippe à avoir été associé à une augmentation de la prévalence du SGB. Par la suite, cela ne s'est produit lors d'aucune campagne de vaccination contre la grippe saisonnière dans le monde. Les vaccins contre le même virus administrés dans d'autres pays en 1976, comme en Angleterre ou aux Pays-Bas, n'ont pas été associés au SGB.

On ne sait pas ce qui a provoqué cette association entre vaccins et SGB ni même s'il existe un lien de cause à effet. On a soupçonné que les vaccins avaient pu être contaminés par la bactérie *Campylobacter jejuni,* une cause possible de SGB, mais cela n'a pu être démontré. On a aussi soupçonné les adjuvants utilisés dans le vaccin, mais ils ont été largement utilisés depuis et n'ont pas entraîné une augmentation du nombre de cas de SGB. Il est possible que le contexte de 1976 ait amené les médecins à avoir davantage tendance à signaler des cas ambigus — ce syndrome difficile à diagnostiquer pouvant parfois se manifester de manière très légère (par exemple par des fourmillements dans les mains).

Les vaccins de 2009 provoqueront-ils une hausse du nombre de cas de SGB ? On ne le sait pas. Mais de nombreux experts estiment que c'est peu probable, compte tenu des connaissances actuelles et du fait que le vaccin de 2009 n'a pas beaucoup de points communs avec celui de 1976. En outre, on sait aujourd'hui de manière certaine que le virus de la grippe A (H1N1) est répandu dans la population. La pensée magique ne le fera pas disparaître.

Même si la vaccination augmentait nombre de cas de SGB, les probabilités sont minces que le risque encouru en se faisant vacciner soit supérieur au bénéfice, même si la grippe est peu virulente.

Il y a encore beaucoup d'inconnues, mais je me risque à un calcul. La prévalence habituelle du SGB dans la population est d'environ 10 cas pour un million d'habitants par an. Environ 90 % des personnes atteintes du SGB s'en remettent complètement, et 5 % en meurent. Pour le Canada, cela signifie que, chaque année, environ 16 personnes décèdent du SGB. En 1976, on croit qu'il y a eu sept fois plus de cas de SGB aux États-Unis qu'en temps normal dans les semaines qui ont suivi la vaccination. Si la même chose se déroulait dans le Canada de 2009 (mais encore une fois, rien ne le laisse penser), cela correspondrait à 112 décès.

Actuellement, on estime que le taux de mortalité associé au virus pandémique de la grippe est d'un décès pour 2 000 personnes infectées. Si 30 % de la population contracte cette grippe, près de 5 000 personnes pourraient en mourir au Canada en l'absence d'un vaccin.

Autrement dit, dans le cas peu probable où l'histoire de 1976 se répéterait, si vous ne vous faites pas vacciner, le risque de mourir de la grippe est de 1 sur 6 560, et si vous vous faites vacciner, le risque de mourir du SGB serait de 1 sur 293 000.

(La version originale de ce texte a été publiée le 4 septembre 2009.)

* * *

Vaccin contre le virus du papillome humain : une publicité trompeuse

Pour convaincre les jeunes femmes de se faire vacciner contre le virus du papillome humain (VPH) avec son vaccin Cervarix, la société GSK n'hésite pas à leur faire peur avec une publicité douteuse qui les induit en erreur sur le risque réel de maladie associé à ce virus.

Dans les toilettes de l'Université Laval, à Québec, je suis tombée sur une des affiches publicitaires de GSK, qui annonce ceci : « Le cancer du col de l'utérus n'est pas héréditaire et frappe sans distinction. En fait, jusqu'à quatre femmes sur cinq seront affectées par le virus responsable du cancer du col de l'utérus au moins une fois dans leur vie. Cervarix peut vous aider à vous protéger. »

Qu'en déduisez-vous, mesdames ? Probablement que ce cancer représente un grand risque contre lequel il vaut mieux se prémunir au plus vite.

À un détail près, que GSK « oublie » de mentionner : toutes les femmes qui contractent le VPH n'auront pas toutes un cancer, loin de là ! Dans plus de 90 % des cas, le virus disparaît sans avoir provoqué ni symptômes ni maladie. Une femme sur 150 a un cancer du col de l'utérus au cours de sa vie, et une femme atteinte sur 423 en meurt.

Petite précision : le vaccin ne protège pas contre tous les types de cancers du col de l'utérus, puisqu'il cible seulement quatre souches de VPH sur les 16 qui existent.

Les femmes vaccinées doivent donc continuer à passer des examens gynécologiques réguliers pour déceler toute anomalie. Même déguisée en information scientifique ou médicale, une publicité reste... une publicité !

(La version originale de ce texte a été publiée le 19 novembre 2010.)

Le GIEC, un petit groupe de dissidents ?

On entend dire un peu partout ces jours-ci que le Groupe d'experts international sur l'évolution du climat (GIEC) est un petit comité de scientifiques qui s'est emparé du débat sur les changements climatiques pour imposer son point de vue à des fins politiques. Devant cette puissante organisation onusienne, de «pôvres climatosceptiques» seraient muselés et contraints de remballer leurs doutes, processus qui mettrait en péril la bonne marche de la science.

Voilà qui fait une bien belle histoire pour les médias. Sauf que cela ne correspond pas du tout à la réalité. Il n'y a pas d'un côté un petit groupe de gens qui prétendent détenir la vérité suprême et sont prêts à la défendre bec et ongles, et de l'autre une multitude de génies incompris auxquels on a refusé le droit de parole.

On pourrait discuter des nuances pendant des heures, mais en gros, voilà comment les choses se passent.

En science, il y a un lieu pour les foires d'empoigne. Ce sont les revues savantes avec comités de lecture — «Publier ou périr», diton chez les chercheurs. Il existe des milliers de ces revues savantes, plus ou moins bien cotées en fonction du nombre de fois où les articles qu'elles publient sont cités en référence par d'autres chercheurs. Sur le sommet de la pile, les plus connues, telles *Nature* ou *Science*.

Pour décider des articles qu'elles vont publier, ces revues font appel à des comités de lecture formés de chercheurs réputés dans leur domaine. Ces derniers commentent l'article et, sur la base de leurs commentaires, la revue décide de le refuser, de l'accepter tel quel (rarement) ou après que le chercheur y aura apporté des clarifications.

Les rapports du GIEC représentent une vaste compilation des études sérieuses produites en ce qui a trait au climat. Ces rapports et études ne sont pas écrits par des salariés des Nations unies, mais par des chercheurs d'universités, de laboratoires gouvernementaux et de quelques autres organisations.

Le dernier rapport du GIEC, publié en 2007, tient en quatre volumes. S'y ajoutent un résumé pour les décideurs et un résumé technique. Les trois premiers volumes sont basés sur l'analyse de trois groupes de travail distincts, le quatrième est une compilation des trois autres.

Le premier volume, *Éléments scientifiques*, est celui sur lequel porte l'essentiel des débats actuels. Le groupe de travail qui en a supervisé la publication était dirigé par deux chercheurs — l'un de l'Université de Berne, en Suisse, l'autre de l'Administration météorologique chinoise — et six vice-présidents (venant de la France, du Maroc, de l'Iran, de la Malaisie, de la Nouvelle-Zélande et du Canada).

Ce volume de 1 000 pages compte 571 auteurs et a été revu par à peu près autant de réviseurs venant de 33 pays. Parmi tout ce beau monde, il y a des climatologues, mais aussi des géologues, des biologistes, des océanologues, des physiciens et même un membre de l'American Petroleum Institute !

Je n'ai pas eu le courage de compter le nombre exact de publications scientifiques citées en référence dans le rapport. Il y en a des centaines à la fin de chacun des 11 chapitres du document.

Du côté de ceux qu'on appelle les climatosceptiques, il y a à ma connaissance un seul chercheur (Richard Lindzen) dont les études ont été utiles pour bâtir les rapports du GIEC. Il en conteste d'ailleurs les conclusions. Les autres scientifiques qui s'opposent aux conclusions du GIEC n'ont publié aucune étude considérée comme assez solide pour figurer parmi les milliers de références. Aucune revue savante ne s'est opposée aux conclusions du GIEC.

Dans *La Presse,* l'éditorialiste Lysiane Gagnon écrit aujourd'hui ceci : « Je veux bien continuer à croire le GIEC. Mais l'on serait plus rassuré si ses prédictions avaient émané d'un véritable débat au sein de la communauté scientifique. » Madame Gagnon, croyez-vous vraiment que ce gigantesque travail de compilation n'a pas fait l'objet d'innombrables débats ?

(La version originale de ce texte a été publiée le 10 décembre 2009.)

La pilule contre le réchauffement climatique

La contraception et la planification familiale pourraient être une arme très puissante contre les changements climatiques, affirment des chercheurs dans une étude parue cette semaine dans les *Proceedings of the National Academy of Sciences*. Si la population mondiale était de 8 milliards d'habitants en 2050 plutôt que de 9 milliards, les émissions de gaz à effet de serre (GES) pourraient en effet être jusqu'à 29 % moins élevées que ce que prédisent les modèles actuels, ont-ils calculé.

Pour arriver à ce chiffre, l'équipe conduite par Brian O'Neill, du National Center for Atmospheric Research, à Boulder, au Colorado, a couplé les résultats d'enquêtes sur les ménages menées dans 34 pays avec un modèle économique qui permet de calculer les émissions de GES en fonction des caractéristiques socioéconomiques de la population.

Les chercheurs ont ainsi pu isoler l'effet de plusieurs facteurs démographiques sur les émissions de GES et extrapoler leurs résultats au niveau mondial. Ils ont ainsi montré que le vieillissement de la population pourrait conduire à des estimations de GES 20 % plus basses que prévu, particulièrement dans les pays riches.

Revers de la médaille : l'urbanisation, galopante dans la plupart des pays du Sud, ferait croître de 25 % les émissions de GES, selon les estimations.

D'après ces chercheurs, les effets de la démographie sur les futures émissions de GES ne sont pas encore assez documentés. Les études sont encore insuffisantes pour bien cerner ce phénomène à l'échelle de la planète.

(La version originale de ce texte a été publiée le 13 octobre 2010.)

Les marchands de doute ont-ils gagné ?

Les espoirs que l'humanité s'attaque fermement au réchauffement climatique, qui menace la planète, semblent bien minces au moment où s'ouvre la Conférence des Nations unies sur le changement climatique de Cancún. À qui la faute ?

Deux historiens des sciences, Naomi Oreskes et Erik Conway, montrent du doigt ceux qu'ils ont appelés les « marchands de doute » : une poignée de scientifiques qui, pour des raisons purement idéologiques, ont réussi à convaincre une bonne partie des décideurs, des médias et de la population qu'il n'y avait pas d'urgence à lutter contre les gaz à effet de serre.

Le livre écrit par ces deux historiens américains, intitulé *Merchants of Doubt,* raconte l'histoire stupéfiante de ces chercheurs qui, depuis 50 ans, ont mis leurs titres universitaires et leurs CV bien remplis au service d'une cause : la défense de la libre entreprise, assortie d'une haine farouche envers tout ce qui pourrait ressembler de près ou de loin à des réglementations basées sur l'étude des effets sur la santé ou l'environnement des activités industrielles.

Il a fallu cinq années d'études à Naomi Oreskes et Erik Conway pour documenter et analyser les techniques de manipulation utilisées par ces marchands de doute, auxquels on doit notamment une bonne partie du climatoscepticisme ambiant.

Merchants of Doubt, qui contient des dizaines de pages de références, n'a rien d'un pamphlet conspirationniste écrit à la légère. C'est à mon avis *le* livre à lire cette année en sciences. Particulièrement si vous ne croyez guère au consensus scientifique autour des changements climatiques.

Le travail de sape des marchands de doute a commencé dans les années 1950, aux côtés des fabricants de tabac.

En 1979, Frederick Seitz, physicien nucléaire, artisan du projet Manhattan (qui conduisit les États-Unis à fabriquer la première bombe atomique) et ancien directeur de l'Académie des sciences, devient officiellement consultant pour le cigarettier R.J. Reynolds. Sa mission: dépenser 45 millions de dollars en six ans (rien de moins!) pour subventionner des recherches visant à trouver d'autres causes que le tabagisme au cancer du poumon. Objectif: noyer le poisson en semant le doute, même si les preuves sont déjà bien établies par les scientifiques et par les entreprises elles-mêmes, comme en a témoigné depuis l'analyse de leurs documents internes.

Après ce premier fait d'armes, Fred Seitz et deux autres physiciens, Robert Jastrow et William Nierenberg, créent le Marshall Institute, en 1984, pour prendre la défense du projet de «guerre des étoiles» du président Ronald Reagan, décrié par la grande majorité de la communauté scientifique.

L'astronome Carl Sagan, scientifique de renom et excellent vulgarisateur, devient la cible préférée de ces marchands de doute après qu'il eut publié un article résumant les énormes menaces pour la planète de «l'hiver nucléaire», qui rendrait la Terre invivable après une guerre nucléaire massive.

Le Marshall Institute et d'autres organismes étroitement liés à ce même noyau de scientifiques idéologues s'en prennent ensuite aux recherches sur les pluies acides, sur les effets de la fumée secondaire sur la santé, sur l'amincissement de la couche d'ozone engendré par les émissions de chlorofluorocarbures, puis, à partir des années 1990, sur le réchauffement climatique.

Naomi Oreskes et Erik Conway décortiquent fort bien, documents à l'appui, les techniques de manipulation utilisées par ces marchands de doute, qui n'ont jamais étudié de manière scientifique les sujets dont ils parlent, mais qui impressionnent médias et politiciens par leurs diplômes et titres honorifiques.

Parmi leurs armes, le dénigrement systématique de certains chercheurs, le lobbying intensif auprès des politiciens, la publication d'innombrables rapports aux allures scientifiques, basés notamment sur le « picorage » (technique appelée en anglais *cherry picking,* qui vise à donner aux anomalies dans les données plus d'importance qu'elles n'en ont réellement), la manipulation de journalistes crédules ou sensibles à leurs causes, les menaces de poursuite dès qu'ils ne sont pas cités, la reproduction partielle de véritables données scientifiques citées hors contexte...

Grâce à toutes ces techniques, les marchands de doute sont arrivés à faire durer des controverses aux yeux du public et des politiciens... alors que les scientifiques eux-mêmes avaient déjà tranché depuis belle lurette.

La science n'est pas une question d'opinion. Au bout de quelques années, voire de décennies, les évidences scientifiques finissent toujours par s'imposer, même aux yeux du politicien le plus obtus.

(La version originale de ce texte a été publiée le 29 novembre 2010.)

NDA : Le livre a été depuis traduit en français. *Marchands de doute* est paru en février 2012 aux éditions Le Pommier.

Déficit d'attention et hyperactivité : gare à la date de naissance !

Les enfants les plus jeunes dans une classe obtiennent nettement plus souvent un diagnostic et des traitements pour un déficit d'attention ou de l'hyperactivité que les enfants plus âgés, ont confirmé des chercheurs en pharmacoépidémiologie de l'Université de Colombie-Britannique. Ceux-ci ont examiné les données recueillies pendant 11 ans sur près de 940 000 enfants âgés de 6 à 12 ans.

Leur étude, publiée cette semaine dans le *Journal de l'Association médicale canadienne,* tend à démontrer que dans de nombreux cas les médecins qui ont posé les diagnostics ont certainement confondu le déficit d'attention ou l'hyperactivité avec une simple immaturité, qui n'a rien de pathologique.

En Colombie-Britannique, le niveau scolaire est déterminé en fonction de l'année de naissance. Or, les chercheurs ont constaté que les enfants nés en décembre, donc les plus jeunes de leur classe, sont 39 % plus nombreux à avoir reçu un diagnostic de trouble déficitaire de l'attention ou d'hyperactivité que les enfants nés en janvier — les plus vieux de leur classe. Et ils sont 48 % plus nombreux à avoir pris des médicaments pour ce problème.

D'autres études menées aux États-Unis avaient déjà abouti à des conclusions similaires, notamment celle de William Evans, de l'Université de Notre Dame, ou celle de Todd Elder, de l'Université d'État du Michigan, toutes deux publiées en 2010.

Au Québec, la date qui détermine l'âge scolaire est le 1er octobre. Si ce qu'ont observé tous ces chercheurs se vérifie au Québec, ce sont donc les enfants nés en septembre qui présentent le plus de risque d'être traités inutilement. Les médecins devraient en tenir compte pour établir leur diagnostic.

(La version originale de ce texte a été publiée le 5 mars 2012.)

Le bonheur de la Révolution tranquille en exemple aux Nations unies

La Révolution tranquille a rendu les Québécois francophones durablement plus heureux que les autres Canadiens, peut-on lire dans le *World Happiness Report,* préparé par l'Earth Institute de l'Université Columbia et l'Institut canadien de recherches avancées.

Ce rapport, qui dresse un bilan complet de la recherche scientifique portant sur la mesure du bonheur et du bien-être, a été commandé par les Nations unies à l'occasion d'une assemblée spéciale, tenue hier à New York, pour réfléchir à la manière d'intégrer ces indices dans la mesure du développement humain — pour l'instant surtout fondée sur des éléments économiques, comme le produit intérieur brut.

Depuis 1972, le Bhoutan, qui mène les discussions au niveau mondial sur le bonheur (et qui avait convoqué cette réunion), mesure son «bonheur national brut» selon quatre facteurs d'importance égale : la croissance et le développement économiques ; la conservation et la promotion de la culture ; la sauvegarde de l'environnement et l'utilisation durable des ressources ; et la bonne gouvernance.

D'autres pays ont commencé à imiter le Bhoutan, mais s'interrogent encore sur la manière de mesurer adéquatement le bien-être de leur population.

Le rapport présente les réflexions à ce sujet et analyse les indices de bonheur utilisés au Bhoutan, au Royaume-Uni et par l'Organisation de coopération et de développement économiques (OCDE).

Les recherches sur la mesure du bonheur ont débuté il y a plus de 40 ans, avec les travaux de l'économiste américain Richard Easterlin, qui a mis en évidence les relations paradoxales entre l'argent et le bien-être, que l'on ne parvient toujours pas à expliquer clairement et encore moins à quantifier.

On a démontré à de nombreuses reprises, et dans beaucoup d'endroits dans le monde, que les gens riches sont en moyenne plus heureux que les pauvres, ce qu'on peut expliquer facilement et de multiples manières. Mais, paradoxalement, d'autres études ont aussi clairement démontré que l'augmentation du niveau de vie à l'échelle d'un pays ne rend pas sa population plus heureuse. Aux États-Unis, par exemple, les sondages sur le bonheur menés périodiquement depuis les années 1960 ne montrent aucun accroissement du bien-être dans la population, même si le produit intérieur brut (PIB) par habitant a triplé au cours de cette période.

Qu'est-ce qui rend les gens plus heureux, alors ?

Les chercheurs ont exploré notamment la piste de la génétique, par des études sur des jumeaux. Mais il semble que seulement un tiers environ des différences interindividuelles dans l'aptitude au bonheur puissent être expliquées par les gènes.

Les bouleversements sociaux importants jouent un rôle clé, selon le *World Happiness Report,* qui cite à cette occasion le cas du Québec.

Dans les 25 années qui ont suivi la Révolution tranquille, les Québécois francophones ont vu leur niveau de satisfaction augmenter régulièrement, comparativement à celui des autres Canadiens. En matière de bonheur généré, la différence équivaut à un doublement du revenu, selon les études citées, qui ont analysé les résultats des enquêtes sociales générales de Statistique Canada.

Autrement dit, la Révolution tranquille a apporté aux Québécois un niveau de bonheur équivalant à celui que procure un doublement de salaire !

Toute la difficulté, maintenant, consiste à bâtir des indicateurs de richesse qui tiennent compte de notre niveau de bonheur.
(La version originale de ce texte a été publiée le 3 avril 2012.)

DSM-5 : la folie des diagnostics en santé mentale

À quelques mois de sa publication officielle, la cinquième édition du *Manuel statistique et diagnostique des troubles mentaux,* de l'Association américaine de psychiatrie (DSM-5), déjà très controversée, s'enfonce un peu plus dans le chaos avec la publication des résultats du premier test de ce nouveau système de classement des troubles mentaux, censé guider les médecins.

Publiée dans *The American Journal of Psychiatry,* une étude consistait à fournir à des cliniciens ayant reçu au préalable toute l'information sur le DSM-5 des cas fictifs qu'ils devaient catégoriser.

Pour évaluer la solidité du manuel, les auteurs de l'étude ont regardé les différences de diagnostics posés par les médecins. Ils ont caractérisé ces différences par une valeur statistique, le coefficient kappa, qui reflète l'ampleur de l'accord ou du désaccord entre les deux avis. Si les deux avis sont en désaccord, le coefficient kappa est de 0. S'ils sont en accord parfait, il est de 1. (Pour la plupart des études de ce type, on considère qu'un coefficient supérieur à 0,81 est excellent, fort s'il dépasse 0,61, modéré entre 0,41 et 0,60, faible entre 0,21 et 0,40, et très faible en dessous de 0,2.)

En psychiatrie, les diagnostics sont particulièrement délicats, car les médecins peuvent rarement compter sur des mesures physiologiques objectives (contrairement, par exemple, au diagnostic de l'hypertension, qui repose en bonne partie sur la mesure de la tension artérielle du malade).

Reste que les valeurs kappa obtenues dans le test du DSM-5 sont, pour la plupart des troubles mentaux, particulièrement basses, comme détaillé dans les tableaux ci-dessous, extraits de l'étude :

DIAGNOSTICS CHEZ L'ADULTE	
Trouble neurocognitif majeur	**0,78**
Trouble de stress post-traumatique	**0,67**
Trouble de symptômes somatiques complexe révisé	**0,61**
Syllogomanie ou accumulation compulsive	**0,59**
Trouble bipolaire I	**0,56**
Hyperphagie	**0,56**
Trouble de la personnalité limite	**0,54**
Trouble schizo-affectif	**0,50**
Trouble neurocognitif léger	**0,48**
Schizophrénie	**0,46**
Trouble lié à l'utilisation d'alcool	**0,40**
Trouble bipolaire II	**0,40**
Traumatisme crânien léger	**0,36**
Trouble de la personnalité obsessionnelle-compulsive	**0,31**
Trouble dépressif majeur	**0,28**
Trouble de la personnalité antisociale	**0,21**
Trouble d'anxiété généralisée	**0,20**
Trouble anxio-dépressif mixte	**-0,004**

Très bon accord
Bon accord
Accord discutable
Accord inacceptable

(Source : Association américaine de psychiatrie)

DIAGNOSTICS CHEZ L'ENFANT	
Trouble du spectre autistique	0,69
Trouble du déficit de l'attention avec ou sans hyperactivité	0,61
Trouble bipolaire I	0,52
Trouble de l'alimentation sélective et évitante	0,48
Trouble des conduites	0,46
Trouble oppositionnel avec provocation	0,40
Trouble de stress post-traumatique	0,34
Trouble dépressif majeur	0,28
Trouble de conduite CU ou « avec brutalité et sans émotion »	0,28
Trouble de dérégulation, dit d'humeur explosive	0,25
Trouble anxio-dépressif mixte	0,05
Automutilation non suicidaire	-0,03

Comme on le voit, le DSM-5 ne permettra pas aux médecins de poser des diagnostics sûrs pour nombre de troubles, y compris pour des problèmes courants, comme la dépression grave (kappa de 0,28 chez l'adulte et chez l'enfant) ou le trouble d'anxiété généralisée (0,20).

Même certains troubles que l'on pourrait estimer relativement faciles à diagnostiquer peuvent échapper aux médecins qui suivraient strictement le DSM-5, comme l'alcoolisme (kappa de 0,40) ou la boulimie (0,56). Le trouble anxio-dépressif mixte réussit même à obtenir une valeur kappa négative chez l'enfant comme chez l'adulte! Autrement dit, si votre médecin vous donne ce diagnostic en se basant sur ce manuel, il y a fort à parier qu'un autre médecin vous en aurait annoncé un autre. Mieux vaut donc en discuter sérieusement avec lui avant de vous lancer dans une longue psychothérapie ou d'avaler des tonnes d'antidépresseurs ou d'anxiolytiques.

Les auteurs de l'étude, qui, disons-le, sont pour certains les principaux auteurs du manuel, saluent toutefois les progrès réalisés dans la précision du diagnostic par rapport aux éditions précédentes du DSM. Leur relatif optimisme a toutefois fait bondir quelques critiques, qui ont remarqué que, d'une édition à l'autre de ce manuel, l'Association américaine de psychiatrie avait redéfini les limites de ce qu'elle considérait comme un diagnostic plus ou moins solide.

Heureusement que rien n'oblige psychiatres et autres médecins à croire aveuglément à cette « bible » pour poser leurs diagnostics...

(La version originale de ce texte a été publiée le 21 janvier 2013.)

NDA : La traduction officielle en français des noms des troubles mentaux présentés dans le DSM-5 n'est pas encore accessible. Celle qui est présentée ici est approximative.

Le gaz de schiste pire que le charbon ? Pas si vite !

Conclure dès aujourd'hui que le charbon vaut mieux que le gaz — et qu'il faut définitivement oublier le gaz de schiste — est abusif.

Une étude réalisée par des chercheurs américains de la National Oceanic and Atmospheric Administration (NOAA) et de l'Université du Colorado à Boulder démontre que les fuites de méthane liées à l'exploitation du gaz de schiste ont été largement sous-évaluées. L'étude est encore sous presse au *Journal of Geophysical Research*, mais la revue *Nature* en fait un compte rendu assez détaillé dans son dernier numéro.

Du côté des opposants, c'est l'allégresse. « Le gaz de schiste aussi polluant que le charbon », titre *Le Devoir,* alors que l'Association Québécoise de lutte contre la pollution atmosphérique estime que cette étude montre clairement que si le Québec s'engage dans l'exploitation du gaz de schiste, il ne pourra atteindre son objectif de réduction des gaz à effet de serre (GES) d'ici 2020.

Woh, minute ! Les données n'ont même pas encore été publiées !

Selon le compte rendu de l'étude paru dans *Nature*, les chercheurs ont mesuré le méthane dans l'air au-dessus du bassin de Denver-Julesburg, une région géologique qui comprend notamment la ville de Denver et où plus de 20 000 puits de gaz ont été forés.

Après avoir soustrait les principales autres sources de méthane du bassin (essentiellement le stockage du gaz dans des réservoirs), Gabrielle Pétron et son équipe ont estimé que les puits de gaz avaient un taux de fuite dans l'atmosphère de 2,3 % à 7,7 %, avec une médiane à 4 %. Soit plus de deux fois les estimations de l'industrie. C'est la première étude à ce sujet qui s'appuie sur des données expérimentales et pas seulement sur des modèles.

En 2011, une étude théorique du professeur Robert Howarth, de l'Université Cornell, avait estimé que les fuites représentaient de 2,2 % à 3,8 % des quantités de gaz extraites du sol, dont une bonne partie (1,9 %) provenant directement du processus de fracturation hydraulique.

L'organisme gouvernemental Environmental Protection Agency (EPA), pour sa part, estime les fuites à environ 2,5 %.

Quels que soient les chiffres, tout cela montre ce dont on se doutait déjà, à savoir qu'on ne peut faire confiance à l'industrie pour fournir des données fiables.

Mais il va falloir de nombreuses autres études pour confirmer, critiquer et compléter celle-ci avant d'avoir l'heure juste. D'où l'idée d'un moratoire, tout à fait justifié d'un point de vue scientifique, pour que l'on puisse multiplier les études indépendantes et avoir suffisamment d'arguments en main pour être en mesure de forcer l'industrie à divulguer ses données et à améliorer ses procédés.

Nature précise d'ailleurs que pour produire de l'électricité, mieux vaut probablement des centrales au gaz toutes neuves plutôt que de vieilles centrales au charbon inefficaces. Pour les autres usages (qui représentent 70 % de la consommation de gaz aux États-Unis, selon *Nature*), c'est moins évident.

Et si on laissait les chercheurs faire leur travail avant de sauter aux conclusions ?

(La version originale de ce texte a été publiée le 10 février 2012.)

NDA : L'étude a été publiée dans le *Journal of Geophysical Research* le 21 février 2012... et a été contestée dans la même revue scientifique en novembre 2012. Les chercheurs ont reconnu en janvier 2013 que les réserves actuelles ne sont pas assez fiables pour que l'on puisse estimer précisément le taux de fuite.

Gaz de schiste : dans deux ans ou jamais ?

La nouvelle ministre des Ressources naturelles, Martine Ouellet, a provoqué tout un séisme en annonçant que le moratoire sur l'exploitation des gaz de schiste au Québec pourrait être permanent plutôt que limité à une période de deux ans, comme l'avait décidé le gouvernement libéral sous la pression des opposants.

Un délai de deux ans semblait nettement trop court pour que l'on puisse évaluer les effets de l'exploitation d'un point de vue scientifique, économique et social.

La fracturation hydraulique, qui a permis l'essor de l'industrie du gaz de schiste aux États-Unis, a été exploitée sur une base commerciale pour la première fois en 1998, au Texas. Les cachotteries de l'industrie, rendues possibles par un système réglementaire défaillant, ont longtemps empêché toute recherche indépendante, notamment sur les impacts environnementaux de cette technique.

Le documentaire *Gasland* (sorti en 2010), de Josh Fox, qui porte justement sur ces impacts, a secoué l'opinion publique et forcé les autorités à réagir. Mais les études publiées depuis sont encore largement insuffisantes pour que l'on puisse dresser un portrait clair des dangers réels de cette technologie.

Les analyses menées par des organismes gouvernementaux, comme l'Environmental Protection Agency (EPA), sont encore critiquées, en raison de leur manque d'indépendance. Et les résultats de la plus importante étude, conduite par l'EPA, ne seront pas connus avant 2014.

Au Québec, l'Étude environnementale stratégique recommandée par le Bureau d'audiences publiques sur l'environnement (BAPE) doit en théorie être terminée en novembre 2013. Une vraie blague ! Compte tenu de l'état actuel des connaissances, elle ne pourra représenter qu'un simple débroussaillage de la question, d'autant que ses travaux ont été largement critiqués eux aussi, notamment par le Collectif scientifique sur la question du gaz de schiste.

Faut-il pour autant rejeter purement et simplement la fracturation hydraulique ? Pas à n'importe quel prix. Car la consommation d'énergie continue de croître au Québec, et il faudra bien répondre aux besoins. Or, aucune forme d'énergie n'est exempte de défauts quand on combine les questions environnementales, économiques et sociales. Tout est affaire de compromis.

Au-delà de ses répercussions potentielles sur l'eau, le climat ou la santé, le gaz de schiste au Québec présente un inconvénient majeur : les réserves sont situées dans le sud, où l'on a déjà du mal à faire cohabiter la population croissante et les terres agricoles essentielles pour le Québec. Et comme on ne peut pas déménager les sols fertiles...

Reste qu'avec la fermeture annoncée de la centrale nucléaire de Gentilly, à Bécancour, le report à une date sans doute très lointaine de l'exploitation des gaz de schiste et les probables freins à celle des hydrocarbures qu'imposera un gouvernement aussi résolument vert, il va falloir doter d'urgence le Québec d'une nouvelle politique énergétique.

(La version originale de ce texte a été publiée le 21 septembre 2012.)

NDA : Le principe du projet de loi 37 a été adopté à l'unanimité le 26 novembre 2013. Ce projet de loi prévoit un moratoire d'au plus cinq ans, ou jusqu'à l'entrée en vigueur d'une loi établissant de nouvelles règles pour la recherche et l'exploitation d'hydrocarbures.

✳ ✳ ✳

Pipeline : ce qui cloche chez Enbridge

Équiterre et d'autres organisations environnementales ont demandé à un expert américain d'analyser le projet d'inversion du pipeline d'Enbridge, sur lequel l'Office national de l'énergie doit se pencher cet automne. Selon cet expert, Richard Kuprewicz, le projet d'Enbridge présenterait un risque élevé de rupture.

Faut-il s'en inquiéter ?

Devant une expertise de ce type, la première question à se poser est justement celle de l'expertise. Qui est Richard Kuprewicz, et peut-on lui faire confiance ?

Le monde est farci d'« experts indépendants » vers lesquels les groupes environnementaux et la société civile se tournent fréquemment pour analyser des dossiers en cours. Tous ne se valent pas. Les experts ont en commun d'être capables de manier des concepts qui échappent au commun des mortels, ce qui ne signifie pas qu'ils les maîtrisent parfaitement. Certains sont même considérés par la communauté scientifique comme d'authentiques amateurs, voire des escrocs. D'autres en revanche sont fort respectés.

Parce que les experts sont indépendants de l'industrie et n'ont donc pas d'intérêt financier dans la réussite des projets, on a tendance à leur faire confiance. Il ne faut pas oublier toutefois que l'expertise est souvent une business en soi. Même si les groupes environnementaux n'ont pas les moyens d'offrir des contrats fara-mineux, l'obtention de mandats réguliers finit par rapporter un revenu décent.

Après avoir travaillé dans l'industrie des pipelines pendant des années, Richard Kuprewicz est à son compte depuis 1999. Sa société, AccuFacts, mène des expertises sur des projets de pipeline ou sur des rapports d'accidents. Kuprewicz siège aussi, comme représentant du public, à un comité du département des Transports américain, le Liquid Pipeline Advisory Committee, aux côtés de membres du gouvernement et de l'industrie, et semble jouir d'une bonne réputation.

Richard Kuprewicz a trouvé de nombreux éléments qui clochent dans le dossier d'Enbridge.

L'entreprise ne semble pas avoir tiré de leçon, note-t-il, de la rupture, en 2010, d'un autre de ses pipelines à Marshall, au Michigan, qui a gravement pollué la rivière Kalamazoo. Enbridge continue de faire confiance à ses techniques d'inspection, qui se sont pourtant révélées incapables de prévenir cet accident en détectant à temps les zones de corrosion sous contrainte.

Pis, l'enquête menée par la Pipeline and Hazardous Materials Safety Administration à la suite de cet accident a repéré 24 violations de la loi, pour lesquelles Enbridge a été condamnée à une amende de 3,7 millions de dollars. La société a notamment dépassé le délai d'intervention requis dans une zone fortement peuplée, et n'a pas tenu compte des résultats de ses propres inspections pour maintenir la conduite en bon état.

Compte tenu de cet accident et des conclusions de l'enquête américaine, Richard Kuprewicz croit qu'Enbridge devrait, avant d'aller de l'avant dans l'inversion du pipeline jusqu'à Montréal, procéder à un autre type de test sur la conduite. Il recommande qu'elle ait recours à un test hydrostatique, qui consiste à faire circuler de l'eau — ou un autre liquide peu compressible — à une pression supérieure à celle à laquelle la conduite est censée résister lors de son usage normal. Cette technique est reconnue pour repérer les zones à risque, comme l'explique d'ailleurs dans son site Internet l'Association canadienne des pipelines d'énergie, un regroupement d'entreprises travaillant dans ce domaine.

Dans sa demande d'inversion du pipeline déposée à l'Office national de l'énergie, Enbridge ne prévoit pas procéder à ce test, qui n'est pas obligatoire. Elle se justifie par le fait qu'un tel test pourrait au contraire endommager la conduite. Bizarre !

Richard Kuprewicz exagère-t-il les risques ? Étant donné le sérieux de sa réputation — et la condamnation récente d'Enbrige aux États-Unis —, les experts de l'Office national de l'énergie devraient évidemment répondre à ses préoccupations. Il se peut qu'ils jugent qu'un test hydrostatique est inutile et qu'Enbridge peut mettre en route le projet tel que présenté. Auquel cas, on s'attend tout de même à ce que leur réponse comporte des justifications claires.

(La version originale de ce texte a été publiée le 14 août 2013.)

NDA : L'Office national de l'énergie doit rendre sa décision le 29 mars 2014.

Commission sur les enjeux énergétiques : le chantier du siècle

Le Québec jouit d'un immense avantage sur nombre d'autres régions du monde : il renferme d'énormes réserves d'énergie hydroélectrique, à la fois renouvelables et peu coûteuses. Mais il doit aujourd'hui s'adapter aux changements climatiques et aux bouleversements mondiaux dans l'industrie des hydrocarbures, et ce ne sera pas facile.

Pour se comporter en citoyens du monde responsables, les Québécois devront réduire de beaucoup leurs émissions de gaz à effet de serre (GES). Pour ne pas se ruiner, ils devront aussi diminuer leur consommation de carburants fossiles, de plus en plus coûteux. Et peut-être se lancer dans l'exploitation de ressources non traditionnelles, comme le gaz de schiste ou le pétrole extrait par fracturation hydraulique, avec tous les risques que cela implique à la fois pour le portefeuille et pour l'environnement.

Le gouvernement du Québec a mis sur pied la Commission sur les enjeux énergétiques, justement pour consulter la population en vue de l'élaboration de sa nouvelle politique de l'énergie. Les travaux de la Commission, qui amorce aujourd'hui à Joliette ses consultations itinérantes, serviront à alimenter les réflexions du gouvernement.

Comme le soulignent les coprésidents de cette Commission, Normand Mousseau et Roger Lanoue, le premier défi est celui de l'efficacité énergétique. Dans ce domaine, les Québécois ont depuis des décennies une attitude d'enfants gâtés. Sous prétexte que l'électricité est abondante et ne coûte pas cher, on la jette littéralement par les fenêtres ! Pourtant, il est prouvé que même en période d'abondance, consommer moins ne peut qu'être avantageux, à la fois pour les particuliers et la société.

Pour parvenir à consommer moins, il faudra changer des habitudes très profondément ancrées, tant dans les comportements individuels que dans les politiques. Les progrès technologiques vont certes aider dans cette transition, mais le défi est avant tout humain.

Un exemple : depuis des années, Hydro-Québec vante les thermostats électroniques programmables, qui peuvent réduire de 10 % la facture d'électricité d'un foyer. À force de messages répétés, les Québécois s'en sont massivement munis. Sauf que dans nombre de maisons, les thermostats ne sont pas programmés ou le sont à des températures inutilement élevées !

Voici la consommation résidentielle d'énergie par habitant et par an, en kilogrammes d'équivalent pétrole, pour 2009.

Québec : 971

Canada : 941

États-Unis : 852

Norvège : 826

Suède : 747

France : 689

Japon : 368

Le climat est loin de justifier à lui seul une telle différence entre le Québec et le reste du monde !

La plupart des Québécois ne se rendent pas compte qu'ils consomment autant. Comment les convaincre qu'on peut se sentir bien à des températures un peu moins énergivores ? Qu'il vaut la peine d'éteindre les lumières dans une pièce inoccupée ? Qu'on n'a pas besoin de gigantesques réfrigérateurs ou d'une immense maison pour être heureux ?

On aura besoin des spécialistes en sciences humaines et sociales pour mieux comprendre le moteur de ces comportements, et de politiques de promotion de l'efficacité énergétique qui en tiennent compte. Il faudra aussi s'interroger sur l'effet sur la consommation des tarifs d'électricité très bas, et sur les risques et avantages d'une augmentation des tarifs.

La situation est encore plus critique dans le secteur des transports, où le Québec n'a même pas atteint 15 % de sa cible de réduction de la consommation de pétrole de 2002 à 2012. Au rythme actuel, on n'a strictement aucune chance de réduire notablement les émissions de GES !

Le grand programme d'électrification des transports cher au gouvernement Marois est fort ambitieux, mais il faudra un effort considérable pour qu'il atteigne son but.

Pour faire baisser la facture énergétique et les émissions de GES, les Québécois doivent d'abord être beaucoup plus nombreux à utiliser les transports en commun, la marche ou le vélo. Ce n'est pas une question d'électrification, mais de fréquentation.

Même si tous les transports en commun étaient alimentés à l'électricité (et il faudra des décennies avant même de s'en approcher), cela n'aura qu'une incidence très minime sur la consommation d'énergie, tant que ces nouveaux modes de transport ne seront pas plus populaires.

La solution n'est pas technologique, mais politique. Il va falloir investir lourdement pour rendre le transport en commun attrayant, pratique, confortable et abordable, en évaluant sa rentabilité non pas en fonction du nombre d'usagers actuels, mais de sa capacité de transformer durablement les habitudes de la population et d'influer sur la facture énergétique.

Les déplacements en automobile, qu'elle soit à essence ou électrique, sont très coûteux en énergie, parce qu'ils exigent des infrastructures importantes (autoroutes, places de stationnement...) et que les embouteillages représentent une perte de productivité colossale. Par ailleurs, même si les voitures électriques ou hybrides sont sans cesse plus nombreuses, elles représentent encore une part infime du parc automobile. Elles sont trop chères et pas assez performantes.

L'Europe, qui compte de nombreux constructeurs automobiles — et où le prix très élevé de l'essence à la pompe rend les véhicules électriques et hybrides plus attrayants qu'au Québec —, vient de dresser un portrait éloquent des recherches en cours pour que ces véhicules se répandent de manière appréciable. En tout, on a recensé 320 programmes de recherche et de démonstration, d'au moins un million d'euros chacun, financés en tout ou en partie par des membres de la Commission européenne, pour un total de 1,9 milliard d'euros. Voilà qui donne une bonne idée des efforts qu'il reste à faire de ce côté-ci de l'Atlantique !

Au Québec aussi les scientifiques ont un rôle très important à jouer pour aider à réussir la transition énergétique. L'importance de l'hydroélectricité, le climat, la structure du territoire font qu'il sera difficile d'appliquer des recettes mises au point ailleurs. Le Québec, ce n'est ni la Californie, ni l'Ontario, ni la France.

Dans les années 1960 et 1970, le Québec est entré dans la modernité avec le « chantier du siècle », comme on a appelé la nationalisation de l'électricité et la construction des grands barrages hydroélectriques. Depuis, le monde a changé. L'avenir se joue aujourd'hui sur la capacité d'utiliser cette énergie de manière beaucoup plus efficace, en tirant parti des meilleures technologies, mais aussi en transformant durablement les comportements.

Voilà le nouveau chantier du XXIᵉ siècle.

Pour le mener à terme, on aura certainement besoin d'au moins autant d'argent que pour celui du siècle précédent (la première phase de la Baie-James avait coûté plus de 10 milliards de dollars). Il faudra aussi, sans aucun doute, une bonne dose de courage politique pour amorcer des changements qui ne seront peut-être pas populaires ou au goût des lobbys industriels. En comparaison de la Baie-James, on aura besoin de bien moins de béton, mais de beaucoup plus de neurones...

(La version originale de ce texte a été publiée le 4 septembre 2013.)

* * *

Statistique Canada nous plonge dans l'obscurantisme

Les coupes récentes et futures du gouvernement fédéral à Statistique Canada sont en train d'engendrer un pays de plus en plus obscurantiste, dans lequel on arrête de documenter par des études statistiques l'évolution d'une multitude de phénomènes sociaux ou économiques, pour se fier plutôt aux intuitions. C'est un drame silencieux, qui aura pourtant des effets durables et bien réels sur chacun d'entre nous.

Malheureusement, dans l'imaginaire populaire, les statistiques n'ont pas la cote. On les voit comme rébarbatives, obscures, pas toujours fiables (on les associe souvent aux sondages en période électorale), voire inutiles. Bref, qui a envie de descendre dans la rue pour des chiffres et des matheux?

Et pourtant. Les études statistiques sont fondamentales pour aider les chercheurs à dresser le portrait le plus juste possible de ce qui se passe dans le monde dans lequel nous vivons. Elles leur permettent d'ébaucher des hypothèses, de vérifier des théories, de suivre l'évolution de divers phénomènes... Tout cela sert ensuite à bâtir des politiques publiques qui ont les meilleures chances d'atteindre leur but, en s'appuyant non pas sur une vision idéologique de la société, mais sur des faits.

Un exemple (fictif, bien sûr). Vous êtes ministre de la Sécurité publique et vous voulez savoir si votre pays doit se montrer plus sévère envers les jeunes contrevenants. Exemple de vision idéologique : « Le crime est l'ennemi absolu et les criminels ne méritent que la prison ! Durcissons les lois et l'ordre reviendra. » Exemple de vision éclairée par les statistiques : « Les statistiques montrent que le taux de criminalité ne cesse de diminuer. Les crimes sont surtout liés à la violence familiale et à la pauvreté, et se produisent surtout dans des quartiers défavorisés, où le taux de chômage chez les jeunes est particulièrement élevé. » Une politique éclairée mettra à son ordre du jour la lutte contre la pauvreté, l'éducation et la revitalisation urbaine. Si elle est bien menée, cette politique a toutes les chances d'atteindre son objectif, les études statistiques ayant permis de repérer les véritables déterminants du crime.

L'idéologie, elle, est infiniment plus hasardeuse...

On aurait pu prendre des exemples dans tous les pans de la vie en société. Vous voulez savoir combien il faudra de maisons de retraite dans 20 ans ? Si un tramway a des chances d'être rentable ? Si les immigrants peuvent facilement trouver du travail ? Si les crédits d'impôt aux entreprises sont efficaces ? Si les jeunes sont en bonne santé mentale ?

Depuis des décennies, Statistique Canada mène des enquêtes régulières sur tous ces sujets. L'organisme fournit les données brutes aux chercheurs, qui peuvent les analyser. À l'intention des décideurs en tous genres — analystes, politiques, journalistes, simples citoyens —, il publie aussi des analyses dans lesquelles les statistiques ont été « prédigérées » par ses spécialistes, pour les rendre sous une forme facilement utilisable. Comme bien d'autres personnes, je m'en sers régulièrement.

Mais dans les derniers mois, Statistique Canada n'a pas seulement raccourci le questionnaire du recensement de la population. L'organisme a mis fin à nombre de ses enquêtes, et cessé de produire nombre d'analyses, sur la santé, le milieu de travail, la grossesse ou les jeunes, par exemple. Exit, notamment, l'enquête longitudinale sur les enfants et les jeunes, qui depuis 1994 suivait le bien-être et la croissance des petits Canadiens de la naissance à l'âge adulte.

Non seulement on disposera à l'avenir de moins de chiffres sur ce qui se passe vraiment dans la société canadienne, mais on aura aussi moins de chances de pouvoir les interpréter.

Pour Pierre Noreau, président de l'Association francophone pour le savoir (ACFAS), le gouvernement Harper fait de l'« aveuglement volontaire » avec toutes ces coupes. Autrement dit, il conduit le pays avec les mains devant les yeux. Va-t-on finir droit dans le mur?

(La version originale de ce texte a été publiée le 14 février 2012.)

Le palmarès des bourdes scientifiques de Harper

En cinq ans au pouvoir, le premier ministre du Canada, Stephen Harper, s'est mis à dos la communauté scientifique comme jamais aucun chef de gouvernement avant lui. Il a reçu un nombre record de lettres de protestation de chercheurs du Canada et d'ailleurs, mécontents de ses décisions.

Voici un florilège de ses plus mauvais coups :

1. Des décisions contraires au consensus scientifique et à l'avis de ses experts, que ce soit au sujet de l'importance à accorder à la lutte contre les changements climatiques, du refus de financer l'avortement dans le plan d'aide à la santé des femmes ou de soutenir le site d'injection supervisée de drogue Insite.

2. L'abolition du questionnaire long obligatoire du recensement, pour le remplacer par une version plus courte et volontaire, mesure qui entravera d'innombrables recherches en sciences sociales. Malgré la vive opposition — et la démission fracassante de Munir Sheikh, le statisticien en chef du Canada —, le gouvernement a campé sur ses positions.

3. La réouverture du réacteur nucléaire de Chalk River pour produire des isotopes médicaux, en août 2010, contre l'avis des experts de la Commission canadienne de sûreté nucléaire, à la suite du limogeage de la présidente de la Commission, Linda Keen, en janvier 2008.

4. La suppression arbitraire de subventions à l'observatoire du parc national du Mont-Mégantic et à d'autres centres de recherche, conséquence directe d'un changement des règles d'attribution des fonds une fois les soumissions des chercheurs déposées !

5. L'autorisation prématurée du vaccin contre le virus du papillome humain (VPH). Ken Boessenkool, conseiller politique principal de Stephen Harper jusqu'en 2004, s'est inscrit dans le registre des lobbyistes pour le compte de Merck, producteur du vaccin, en février 2007. Au même moment, le Comité consultatif national de l'immunisation recommandait le vaccin, soulignant qu'il restait d'importantes questions de recherche à approfondir avant de lancer des campagnes dans les écoles. Mais deux mois plus tard, le ministre des Finances, Jim Flaherty, débloquait 300 millions de dollars pour un programme de vaccination universelle contre le VPH dans tout le pays !

6. Le musellement systématique des scientifiques employés par le gouvernement, particulièrement flagrant au moment de la crise de la listéria, qui a conduit ceux-ci à mettre sur pied le site sciencepublique.ca pour assurer leur visibilité.

7. La nomination, au poste de ministre d'État aux Sciences et à la Technologie, du chiropraticien Gary Goodyear, ouvertement créationniste. Sans compter les députés, comme Mark Warawa, Jeffrey Watson et Blaine Calkins, qui, devant la réaction allergique d'une collègue, se sont mis à prier et ont tenté de l'aider par l'imposition des mains.

8. L'absence remarquée d'un scientifique en chef, qui, selon la revue *Nature,* aurait peut-être évité bien des décisions malheureuses, comme de supprimer les fonds de l'organisme Génome Canada, avant de les lui réattribuer quelques mois plus tard.

9. L'ingérence politique dans les organismes de subventions, qui fait que désormais « les bourses d'études accordées par le Conseil de recherches en sciences humaines du Canada cibleront les diplômes liés aux affaires ».

10. Des promesses de subventions records dans le dernier budget — 50 millions de dollars pour le Perimeter Institute, à

Waterloo, et 45 millions pour l'Institut national d'optique (INO), à Québec —, qui, comme par hasard, ciblent deux établissements situés dans des régions où les conservateurs espèrent remporter des sièges. On peut penser que ces promesses ne seront peut-être pas respectées une fois les élections passées...

(La version originale de ce texte a été publiée le 21 avril 2011.)

Recherche industrielle : l'effondrement

Le Canada n'a jamais été un grand pays de recherche industrielle, mais là, il touche le fond ! Dans son dernier état des lieux, le Conseil des sciences, de la technologie et de l'innovation montre que le pays ne cesse de reculer par rapport aux autres pays industrialisés pour ce qui est des sommes dépensées en recherche et développement (RD), en fonction de son produit intérieur brut (PIB).

Le Canada est passé de la 16ᵉ à la 23ᵉ place sur 41, avec un maigre 1,74 % du PIB consacré à la RD en 2011, contre 2 % en 2006. Israël est en tête du palmarès avec 4,4 %, suivi de la Finlande (3,8 %) et de la Corée (3,7 %).

L'industrie pharmaceutique, la fabrication de produits des technologies de l'information et le secteur automobile sont ceux où le recul de la RD est le plus marqué. Même l'industrie des ressources naturelles, qui a pourtant le vent en poupe, fait aussi de moins en moins de recherche et développement !

De 2006 à 2012, les sommes consacrées à la recherche par les universités, les gouvernements fédéral et provinciaux ont pourtant augmenté au Canada. Mais les dépenses industrielles, elles, sont passées de 16,5 à 15,5 milliards de dollars. Le Canada a reculé de la 18ᵉ à la 25ᵉ place à ce chapitre de 2006 à 2011. Un résultat que le rapport qualifie de « médiocre ».

Le Canada est pourtant le pays de l'OCDE où l'on compte le plus fort pourcentage de personnes de 25 à 64 ans qui ont une éducation supérieure. On y trouve toutefois deux fois moins de titulaires de doctorat pour 100 000 habitants que dans les pays en tête du classement. Mais, bonne nouvelle, le nombre de doctorats, notamment en sciences et en génie, continue de progresser.

Le Canada se distingue de la plupart des autres pays par le fait qu'il mise beaucoup, pour encourager la recherche industrielle, sur le soutien indirect des entreprises, par le truchement des crédits d'impôt, plutôt que sur le soutien direct aux activités de recherche. En pourcentage du PIB, le financement direct de la recherche par les gouvernements est quatre fois plus faible au Canada que dans des pays comparables. En revanche, il est quatre fois plus important pour les incitatifs fiscaux. De toute évidence, cette stratégie ne fonctionne pas.

Et alors qu'on découvre que l'évasion fiscale coûte des milliards au Canada, il serait peut-être bon de se pencher sur ce que font réellement les entreprises avec leurs crédits d'impôt à la recherche...

(La version originale de ce texte a été publiée le 28 mai 2013.)

Les tests de féminité sont dépassés

L'enquête médicale à laquelle devra se soumettre la coureuse sud-africaine Caster Semenya pour déterminer si elle est réellement une femme n'a aucun sens, de l'avis de nombreux spécialistes. Car du point de vue scientifique, il est impossible de répartir les milliards d'individus que compte l'espèce humaine en seulement deux catégories complètement distinctes, d'un côté les hommes, de l'autre les femmes.

Si l'on veut vraiment séparer l'humanité en deux, on n'a d'autre choix que de fixer une limite arbitraire, fût-elle discriminatoire pour certaines personnes. Cela vaudrait toujours mieux que de sacrifier l'avenir d'une femme de 18 ans en la soumettant à un processus d'examen de son identité extrêmement traumatisant.

« La différenciation des sexes est une chimère persistante », écrit la biologiste et généticienne française Joëlle Wiels dans le livre *Féminin Masculin : Mythes et idéologies,* paru en 2006. Pourtant, dans le sport, elle est considérée comme nécessaire. Depuis une quarantaine d'années, les fédérations sportives et le Comité international olympique ont eu recours à des méthodes de plus en plus pointues pour tenter de déterminer le sexe des athlètes inscrites dans les compétitions féminines.

On a commencé par exiger qu'elles se soumettent à un examen physique des organes génitaux, fait par un gynécologue. Plutôt embarrassant, et discriminatoire par rapport aux hommes, à qui on ne demande rien. Les généticiens ont alors proposé qu'on distingue hommes et femmes sur la base de leurs chromosomes sexuels. (À l'école, vous avez sûrement appris que les femmes ont deux chromosomes X, alors que les hommes ont un X et un Y.) Aux JO d'hiver de 1968, à Grenoble, on a donc inauguré une nouvelle méthode : prélever un échantillon de salive puis l'examiner au microscope pour y rechercher le corpuscule de Barr, un amas d'ADN présent dans le noyau des cellules et qui indique la présence de deux chromosomes X.

Jusqu'à ce qu'on s'aperçoive que le lien entre chromosomes et identité sexuelle n'était pas si tranché : même si la grande majorité des femmes (au sens commun du terme) ont deux chromosomes X, certaines ont un X et un Y, tout comme certains hommes ont deux chromosomes X et pas d'Y. Certaines personnes ont même trois chromosomes X !

Aux JO d'Albertville, en 1992, on a donc remplacé cette méthode controversée par une autre, théoriquement plus fiable : la recherche, grâce à un test génétique, d'une séquence d'ADN précise dans le chromosome Y, censée être présente uniquement chez les hommes. Sauf que cette méthode montra aussi très vite ses limites : on a trouvé des femmes porteuses de cette portion d'ADN, alors que des hommes ne l'avaient pas (ceux-ci auraient donc pu tricher pour concourir avec les femmes)... « Le recours aux tests génétiques a ouvert une véritable boîte de Pandore, tant pour les athlètes que pour les officiels », explique le chercheur britannique Jonathan Reeser.

Le CIO décida de mettre fin à ces tests en 2000. Ce qui n'a pas empêché la Chine de tester de nouveau le chromosome Y aux JO de 2008.

Pendant tout ce temps, des endocrinologues ont aussi proposé leur vision des choses, puisque les niveaux d'hormones sexuelles sont habituellement assez distincts entre hommes et femmes. Mais dans ce domaine aussi, on s'est vite aperçu qu'il était impossible de séparer strictement les individus en deux sexes. Il peut exister des différences de niveaux de testostérone bien plus grandes entre deux hommes qu'entre certains hommes et certaines femmes.

L'Association internationale des fédérations d'athlétisme (IAAF) a décidé en 2006 de remplacer les tests de féminité par un comité d'experts chargé de trancher au cas par cas. On ne sait pas grand-chose du comité qui examinera la situation de Caster Semenya, sinon qu'il est formé d'un endocrinologue, d'un gynécologue, d'un psychologue, d'un spécialiste en médecine interne et d'un expert des questions d'identité sexuelle et de transgenre. Le processus est périlleux et fortement réducteur, car ces experts n'ont droit qu'à deux réponses pour une question aussi complexe. Oui ou non.

On imagine à quel point se soumettre à un tel examen peut être traumatisant, plus encore quand les résultats sont reproduits par les médias du monde entier. Pour Caster Semenya, si la réponse est « non, elle n'est pas une femme », bien des mauvaises langues l'accuseront d'avoir triché, même si c'est complètement faux. Si la réponse est oui, on retiendra quand même que les experts ont douté.

Que faire ? Une spécialiste américaine des questions de genre, Alice Dreger, propose une solution : dresser une liste précise de règles pour la classification des personnes en deux catégories, qui puisse être discutée par des scientifiques, validée ou améliorée au fil des ans, et à laquelle chaque athlète pourra se référer. Avant de s'inscrire à une compétition, les Caster Semenya de ce monde pourraient être fixées sur leur cas dans le secret d'un cabinet médical plutôt que sur la place publique.

Ce serait déjà nettement moins dommageable que le cirque médiatique actuel.

(La version originale de ce texte a été publiée le 3 septembre 2009.)

***

Pourquoi les testicules pendent-ils ?

Après avoir fait parler de lui en 2002, alors qu'il avait émis l'hypothèse que le sperme avait un effet antidépresseur chez les hommes... et les femmes, le psychologue américain Gordon Gallup continue son exploration de la sexualité humaine. Sa dernière question mérite réflexion : pourquoi les testicules pendent-ils dans un simple petit sac entre les jambes des hommes plutôt que d'être bien à l'abri dans le ventre, comme le sont les ovaires des femmes ?

De fait, on peut se demander ce qui a bien pu porter l'évolution à placer un organe aussi essentiel à la survie de l'espèce dans une position aussi vulnérable !

Le psychologue avance ce mois-ci une hypothèse originale pour expliquer la chose : selon lui, le sperme aurait besoin d'être activé par une hausse de température pour maximiser les chances de fécondation. Le scrotum serait donc une sorte de frigo à spermatozoïdes. En passant du scrotum de l'homme au vagin de la femme, le sperme gagnerait de 2,5 °C à 3 °C. Ce serait assez pour « réveiller » les spermatozoïdes et assurer que les plus vigoureux d'entre eux atteignent leur cible.

Les testicules ne sont pas à l'extérieur chez tous les mammifères. Chez certains, comme les éléphants, ils sont profondément enfouis dans le corps. Chez d'autres, comme les phoques, ils sont descendus, mais restent sous la peau. Dans l'histoire des mammifères, la descente des testicules dans un scrotum serait une adaptation très ancienne, que certaines espèces auraient perdue au fil de l'évolution, selon Gallup.

Les biologistes s'interrogent depuis longtemps sur cette étrange adaptation. En 1998, une étude a prouvé qu'une température plus basse que celle régnant dans l'organisme permettait d'optimiser la formation et le stockage des spermatozoïdes. À 37 °C, les spermatozoïdes sont beaucoup moins mobiles et meurent rapidement. La spermatogénèse est optimale à 34 °C.

Mais on a aussi émis l'hypothèse que ce froid relatif diminuait le taux de mutation qui survient lors de la formation des gamètes, ou qu'il agissait comme agent de sélection naturelle pour éliminer les spermatozoïdes les plus faiblards.

Dans les années 1950, raconte Gallup, on a même suggéré que le scrotum pourrait être un genre d'ornement sexuel, qui jouerait le même rôle que les plumes de paon, hypothèse qui, à part chez quelques primates au scrotum coloré, a été rejetée depuis.

Le scrotum joue aussi le rôle de thermostat : le muscle crémaster, qui entoure les testicules, les fait descendre quand il fait chaud et les remonte plus près du corps lorsqu'il fait froid. Ce serait encore pour des questions de température (et pour éviter les chocs) que les deux testicules ne sont jamais exactement au même niveau !

Selon Gordon Gallup, l'« hypothèse d'activation » est compatible avec plusieurs aspects de la reproduction humaine : le fait que l'espèce soit plus portée à faire l'amour de nuit, que le muscle crémaster se contracte automatiquement avant un rapport sexuel, ou que la température basale de la femme soit maximale au moment de l'ovulation sont autant d'adaptations qui permettraient de maximiser la hausse de température que connaissent les spermatozoïdes au moment de l'accouplement.

Pourquoi un coup à cet endroit fait-il si mal ? Pour qu'un caractère soit favorisé par l'évolution, il faut que l'avantage qu'il procure soit supérieur au désavantage encouru. C'est là que Gordon Gallup fait entrer en scène l'intensité de la douleur ressentie lors d'un coup dans les testicules. Messieurs, pensez-y la prochaine fois qu'un coup de fiston ou qu'un ballon de soccer vous fera venir les larmes aux yeux : selon Gallup, une douleur aussi intense constitue un avantage majeur pour l'espèce humaine, puisqu'elle fait prendre conscience à l'homme que cette partie de son corps est l'une des plus vitales à protéger.

(La version originale de ce texte a été publiée le 1ᵉʳ décembre 2009.)

Parabènes : ridicule chasse aux sorcières chimiques

Début mai, les députés de l'Assemblée nationale française ont voté un projet de loi en faveur de l'interdiction des parabènes sur le territoire de l'Hexagone, contre l'avis du gouvernement et des experts.

Mais voilà que les Français viennent de découvrir, grâce à un article du quotidien *Le Monde*, que ces agents conservateurs largement présents dans les produits cosmétiques entrent aussi dans la composition de centaines de médicaments !

Que vont faire les députés ? Revenir sur leur décision ? Forcer l'industrie pharmaceutique à changer ses recettes ? Et pour mettre quoi à la place des parabènes ?

Toute cette histoire illustre à merveille le ridicule de la chasse aux sorcières menée contre certains produits chimiques, alors qu'il existe certainement des milliers de dangers plus graves qui pèsent sur l'humanité.

Depuis des décennies, les parabènes sont utilisés comme agents de conservation dans beaucoup de produits, car ils sont d'excellents antibactériens et antifongiques. Ces substances existent aussi à l'état naturel, notamment dans l'orge, les fraises, les carottes, les bleuets, etc. Que ces molécules soient d'origine naturelle ou synthétisées par l'industrie ne change évidemment rien à leur possible toxicité. Si vous en doutez, ouvrez n'importe quel livre de chimie de niveau secondaire pour remettre vos connaissances à jour sur ce qu'est une molécule.

Les parabènes pourraient, selon certaines études, perturber certains mécanismes hormonaux et engendrer, en théorie, une diminution de la fertilité chez l'homme et une éventuelle augmentation de tumeurs œstrogéno-dépendantes chez la femme. Leur effet perturbateur serait infime, mais on craint que l'exposition par l'intermédiaire de nombreux produits ne finisse par s'avérer dangereuse. Cela a suffi pour faire des parabènes de véritables monstres aux yeux de certains pourfendeurs de la « méchante-industrie-chimique-qui-aura-notre-peau-c'est-sûr ».

Certes, compte tenu de leur usage très répandu, ce n'est peut-être pas une mauvaise idée d'essayer de mieux comprendre le risque que posent les parabènes. Mais dans leur empressement à plaire à leurs électeurs qui diabolisent ces substances, les députés français ont « oublié » un détail : les parabènes sont métabolisés par le corps humain. Même leurs opposants les plus véhéments reconnaissent qu'on ne risque probablement rien à en avaler !

« Les parabènes des aliments sont métabolisés lorsqu'ils sont ingérés, ce qui les rend moins fortement œstrogéniques », explique sur son site la fondation David Suzuki, une association de protection de l'environnement.

Dans leur aveuglement, les députés français vont nuire à la fabrication de médicaments tels que certains agents de chimiothérapie, tout cela pour protéger leurs concitoyens d'un risque de cancer ultrahypothétique ! C'est tout simplement stupide.

Et si on interdit les parabènes dans les médicaments ou les cosmétiques, par quoi va-t-on les remplacer pour empêcher que ces produits ne moisissent ? Par de nouvelles substances qu'on connaît encore moins bien que les parabènes ? Par rien du tout, avec les risques que cela pourrait représenter ? Et qui va payer pour les changements ?

Les députés socialistes qui ont appuyé ce projet de loi — déposé par le parti Nouveau Centre — auraient une multitude de problèmes plus urgents à régler que celui des parabènes...

(La version originale de ce texte a été publiée le 25 mai 2011.)

* * *

Interdictions de fumer : ça suffit !

Depuis le 23 mai, il est interdit de fumer dans les parcs, sur les plages et dans les zones commerçantes piétonnes de New York. Et de telles mesures se multiplient dans le monde. Mais est-ce bien raisonnable ?

Dans le dernier numéro du *New England Journal of Medicine*, James Colgrove, Ronald Bayer et Kathleen E. Bachynski, trois chercheurs en santé publique de l'Université Columbia, publient une sérieuse mise en garde contre les dérives de la prohibition tabagique. Leur recherche n'est ni payée par l'industrie du tabac ni publiée dans une revue complaisante. C'est du sérieux.

Cela fait 40 ans que l'on restreint les endroits où l'on peut fumer, dans le but de protéger les non-fumeurs de la fumée secondaire et d'inciter les fumeurs à abandonner leur vice, rappellent les chercheurs. La réglementation dans les lieux clos est tout à fait justifiée, croient-ils. Mais au fur et à mesure que la zone de prohibition s'étend, les preuves scientifiques qui justifient les interdictions sont de plus en plus minces.

À l'extérieur, le risque associé à la fumée secondaire chute nettement au-delà de deux mètres, rappellent les chercheurs. D'ailleurs, dans la plupart des lieux extérieurs, la fumée secondaire n'aurait aucun effet sur la santé des non-fumeurs, selon l'éditeur de la revue savante *Tobacco Control*.

D'autre part, la diabolisation du tabagisme aurait aussi des effets pervers sur les fumeurs. D'abord, parce qu'arrêter de fumer est très difficile. Plutôt que d'aider les fumeurs à écraser, des mesures trop strictes pourraient avoir des répercussions négatives sur leur santé physique et mentale en les isolant du reste de la société.

Toutes ces interdictions, comme à New York, soulèvent aussi des questions de justice sociale, car les fumeurs sont en proportion beaucoup plus nombreux parmi les populations défavorisées. En interdisant de fumer dans les parcs, ne risque-t-on pas de décourager la fréquentation de ces lieux par les gens qui en ont le plus besoin dans la société?

Les chercheurs notent aussi que certains arguments invoqués par les promoteurs du nouveau règlement new-yorkais, comme la saleté générée par les mégots et l'effet d'entraînement sur les enfants qui fréquentent ces lieux publics, relèvent plus de questions de moralité ou de gestion municipale que de santé.

Nous voilà à la croisée des chemins, écrivent James Colgrove et ses collègues. Il faut continuer à lutter contre le tabac, qui reste la première cause de maladie et de mortalité évitable. Mais on approche de la limite raisonnable à restreindre les libertés d'une partie de la population au nom de l'intérêt public, alors même qu'aucune incidence sur la santé de la population n'est avérée.

À quel point voulons-nous d'une société restrictive qui recourt à la prohibition au nom d'arguments parfois fallacieux?

(La version originale de ce texte a été publiée le 31 mai 2011.)

Légionellose : à qui la faute ?

Aurait-on pu éviter l'éclosion de légionellose qui touche le centre-ville de Québec si l'État avait écouté ses experts en santé publique, en 1997, alors qu'ils recommandaient que des normes s'appliquent pour l'entretien des tours de refroidissement d'immeubles ?

Malheureusement pour les proches des victimes tentés de poursuivre les autorités pour négligence — et pour des politiciens comme le ministre de la Santé, le libéral Yves Bolduc, qui n'ont eu de cesse de rejeter la faute sur leurs adversaires dans les dernières semaines de la campagne électorale —, les choses ne sont pas si simples. Voici pourquoi.

La légionelle est une bactérie naturellement présente dans l'environnement, et on risquera toujours de croiser son chemin. Elle aime l'eau chaude, mais pas bouillante : son « optimum thermique », là où elle se multiplie le mieux, se situe entre 25 °C et 43 °C. Même si cela ne se produit qu'à l'occasion, elle est donc toujours susceptible de coloniser de l'eau tiède, sauf si celle-ci a été désinfectée peu de temps auparavant.

Même contaminée, l'eau stagnante pose peu de risque, car on ne la respire pas. Mais si elle est projetée dans l'air, par un pommeau de douche, les bulles d'une baignoire à remous ou la tour de refroidissement d'un immeuble, elle peut se retrouver dans notre système respiratoire. Et si celui-ci est fragilisé par une maladie préexistante ou par le tabagisme, il risque de ne pas pouvoir s'en défaire. Une personne en bonne santé qui respire des légionelles s'en débarrasse presque toujours. La plupart des malades aussi, par un traitement antibiotique ordinaire.

C'est pour minimiser le risque de légionellose qu'on conseille de fixer la température de consigne des chauffe-eaux au-dessus de la température de confort de la légionelle, soit à au moins 49 °C. Mais il restera toujours des gens prêts à tout pour économiser un peu sur le chauffage de l'eau, ou des chauffe-eaux qui se dérèglent accidentellement.

La grande majorité des cas de légionellose surviennent ainsi de manière sporadique, touchant seulement une ou deux personnes à la fois, souvent à cause de chauffe-eaux défectueux ou mal réglés.

À l'occasion, une éclosion se déclare quand, dans un périmètre donné, on trouve un certain nombre de personnes ayant contracté la légionellose en quelques semaines. L'expérience montre que les tours de refroidissement des immeubles sont presque toujours en cause.

Quand elle n'a pas été traitée depuis longtemps, l'eau tiède qui circule dans ces tours peut permettre aux légionelles de se multiplier. Lorsque l'eau contaminée passe en suspension dans l'air, elle peut alors infecter plusieurs personnes parmi les occupants de l'immeuble et dans les alentours.

Depuis la découverte de cette bactérie, en 1977, de nombreux organismes dans le monde ont établi des procédures d'entretien des tours de refroidissement. Au Québec, en 1997, après la dernière éclosion — aussi survenue à Québec —, la Direction de la santé publique de cette ville et la Régie du bâtiment ont publié un guide de bonnes pratiques. Les propriétaires d'immeubles devraient en principe suivre ce guide. Mais le font-ils vraiment ? Personne n'a vérifié.

Après une simple inspection visuelle des tours de refroidissement du secteur touché par l'éclosion de cet été, la Direction de la santé publique de Québec et la Régie du bâtiment ont estimé que les conseils d'entretien ne semblaient pas avoir été suivis pour le tiers d'entre elles (ce qui ne veut pas dire qu'elles soient pour autant insalubres...). Toutes les tours du secteur ont été nettoyées, mais on saura seulement dans quelques semaines — le temps de faire les analyses de laboratoire — si certaines d'entre elles étaient contaminées par la légionelle.

Comme toutes les tours susceptibles d'avoir été contaminées ont été nettoyées, on ne devrait plus trouver de nouveaux cas d'ici peu.

En 1997, la Direction de la santé publique de Québec avait trouvé un seul immeuble contaminé. Cela avait suffi pour qu'elle recommande au gouvernement de nommer un organisme chargé d'adopter des normes d'entretien et de les faire appliquer. Il est certain que, de cette manière, on aurait diminué les risques d'une nouvelle éclosion. Celle-ci aurait cependant pu se produire de toute façon, car il y aura toujours des délinquants. En cas d'éclosion, on aurait toutefois pu punir les coupables de mauvais entretien.

Mais pour que ces normes servent à quelque chose, encore faudrait-il payer des gens pour les faire respecter. Des milliers d'immeubles à surveiller demandent un budget conséquent.

Alors que le budget de la santé a littéralement explosé dans les dernières années, n'importe quel politicien responsable aurait d'abord voulu connaître l'efficacité potentielle d'une telle mesure pour sauver des vies, par rapport à d'autres dépenses en santé publique — la lutte contre le tabagisme, la grippe ou je ne sais quoi, qui tuent beaucoup plus de gens que la légionelle.

La Direction de la santé publique recommandait aussi qu'on effectue une évaluation de l'état des tours de refroidissement au Québec. Cela aurait certainement dû constituer une priorité. Mais ni la Régie du bâtiment, ni l'Institut national de santé publique, ni les ministères de la Santé du gouvernement péquiste de l'époque, puis du gouvernement libéral, ne se sont attelés à cette tâche. La Direction de la santé publique de Québec n'est pas allée plus loin non plus. Et personne dans la population, dans les médias ou chez les proches des victimes ne l'a réclamé haut et fort. Il faut dire que la légionelle tue beaucoup, beaucoup moins de gens que nombre d'autres problèmes de santé publique. La lutte contre cette maladie n'a jamais été, jusqu'à cet été, considérée comme une priorité.

En ordonnant une enquête sur le travail de la Santé publique dans ce dossier, le ministre de la Sécurité publique, Robert Dutil, cherche avant tout à rassurer la population... et à favoriser ses intérêts politiques.

Plutôt que de chercher à tout prix un bouc émissaire, on ferait mieux de rattraper le temps perdu et d'évaluer une bonne fois pour toutes l'état des tours de refroidissement des immeubles au Québec, histoire de voir si nous courons réellement de grands risques avec cette bactérie en l'absence de normes... Après tout, les éclosions ne sont pas si fréquentes que cela : la dernière date de 15 ans !

Si on découvrait qu'un immeuble sur 10 000 au Québec est susceptible de propager la légionelle, adopter une norme et payer des inspecteurs ne serait peut-être pas raisonnable. Mais si cette proportion atteint un immeuble sur trois, particulièrement dans les environs de quartiers défavorisés, il est très certainement temps d'agir !

Chose certaine, la décision devrait se prendre sur des bases rationnelles, et non pas simplement pour rassurer la population ou à des fins politiques.

(La version originale de ce texte a été publiée le 4 septembre 2012.)

Fluoration de l'eau : l'éternel débat

L'éternel débat sur la fluoration de l'eau du robinet refait surface alors que Québec tient ces jours-ci une commission parlementaire pour étudier une pétition signée par près de 4 000 Québécois qui s'opposent à cette pratique. En campagne électorale, le Parti québécois avait promis d'interdire la fluoration de l'eau, mais le ministre de la Santé, Réjean Hébert, s'y dit favorable.

Une trentaine de pays dans le monde ajoutent actuellement du fluor dans leur eau potable, alors que d'autres, comme la France, en mettent plutôt dans le sel. La plupart des dentifrices sont aussi additionnés de fluor.

Est-il dangereux de fluorer l'eau ? Sur le plan scientifique, la question ne fait plus guère débat.

Toutes les méta-analyses des innombrables études publiées dans les années 1990 à ce sujet montrent que la fluoration est une méthode efficace, économique, sans danger et éthique pour améliorer la santé dentaire de la population en diminuant le taux de caries chez les enfants.

Le seul effet négatif est le risque de fluorose dentaire, un problème de taches sur les dents généralement bénin, qu'entraîne un excès de fluor. Limiter la quantité de fluor dans l'eau et ne pas donner de dentifrice fluoré aux jeunes enfants tant qu'ils ne sont pas capables de ne pas l'avaler réduit nettement le risque de fluorose.

Même si le nombre de caries a déjà considérablement diminué depuis 30 ans, grâce à la fluoration de l'eau, du sel ou du dentifrice, cette mesure vaut encore la peine, selon des études plus récentes menées en Australie, où la question fait actuellement débat.

Fluorer l'eau est considéré comme un moyen très efficace de diminuer les inégalités sociales en matière de santé.

Les arguments des opposants sont bien connus, et ont eux-mêmes fait l'objet d'études. Ils ne tiennent pas la route. Le premier de ces arguments, que reprend d'ailleurs la pétition déposée à l'Assemblée nationale, consiste à dire que la fluoration suscite une controverse scientifique croissante.

C'est absolument faux : si on regarde la littérature scientifique (j'entends par là de vraies études publiées dans des revues à comité de lecture), on constate que la fluoration fait au contraire de moins en moins débat chez les chercheurs.

Le deuxième argument consiste à dire qu'on nous intoxique, parce que le fluor que l'on met dans l'eau est un sous-produit industriel.

Un cours de chimie élémentaire suffit à contrer cet argument : du fluor... c'est du fluor, quelle qu'en soit la source. Il n'est pas plus toxique parce qu'il vient d'une usine que s'il venait de la nature. Éternelle incompréhension de ce qu'est un élément chimique !

Troisième argument : on n'a pas le droit de soigner les gens contre leur volonté, c'est une entrave à la Charte des droits et libertés. Là encore, c'est une interprétation fallacieuse des lois, qui revient à nier un des plus grands progrès de l'humanité : la santé publique.

Selon cette logique, on devrait aussi arrêter de traiter l'eau pour la rendre potable et boire tous de l'eau « naturelle ». Malheureusement, il ne nous faudrait pas longtemps avant de vivre une gigantesque épidémie de gastro-entérites, voire une hausse fulgurante de la mortalité infantile ! Des microbes parfaitement naturels sont malheureusement fort mauvais pour nos intestins, et au nom de la santé publique, on a le devoir d'entraver nos libertés individuelles pour construire un monde plus sain pour tous...

Le dernier argument — fluorer l'eau est un gaspillage de fonds publics, parce que le fluor se retrouve majoritairement dans la nature après usage — n'a tout simplement pas de sens.

On a déjà démontré qu'il est largement plus économique de fluorer l'eau que d'intervenir par d'autres mesures pour diminuer le taux de caries. Et que lutter contre les caries fait diminuer les coûts des traitements dentaires.

Par ailleurs, aux concentrations permises, le fluor n'a pas d'impact négatif sur les écosystèmes.

Malheureusement, on a bien peu de chances de faire entendre raison aux militants « antifluor », qui s'abreuvent de demi-vérités sur le Web et ne font qu'autorenforcer leurs arguments en n'accordant d'importance qu'aux avis qui abondent dans leur sens. Ce que les politiques doivent éviter, c'est que les idées fausses se répandent dans la population.

En promettant d'interdire la fluoration, le Parti québécois a fait une grosse bourde que le ministre Hébert tente aujourd'hui de rattraper. L'argent dépensé pour ces deux jours de commission parlementaire aurait sans nul doute été bien mieux investi dans une meilleure explication à la population de cette question de santé publique.

(La version originale de ce texte a été publiée le 23 avril 2013.)

✳ ✳ ✳

Les centrales nucléaires canadiennes plus résistantes que les japonaises ?

La Commission canadienne de sûreté nucléaire (CCSN) donne un faux sentiment de sécurité aux Canadiens en leur laissant croire que les centrales nucléaires du pays sont plus résistantes que les installations japonaises.

Sur son site, la CCSN publie une *Perspective canadienne* sur le séisme au Japon. Elle y explique qu'il est très peu probable que des problèmes comme ceux que connaît la centrale de Fukushima-Daiichi surviennent au Canada. Ce qui est vrai.

Elle oublie cependant de dire que les experts en sismologie ne s'attendaient pas non plus à un séisme aussi violent au Japon ! Là comme partout dans le monde, les centrales sont conçues selon des normes internationales pour résister à un risque sismique supérieur à celui de la région où elles sont bâties. La centrale endommagée était donc conçue pour résister à un tsunami d'une hauteur de plus de 5 m, mais c'est une vague de 10 m qui l'a frappée.

La centrale nucléaire Gentilly-2, à Bécancour, est installée dans une zone sismique stable et résisterait certainement moins bien à un séisme que n'importe quelle centrale du Japon, pays qui en connaît plus de 1 000 par année. Ce qui ne veut pas dire qu'elle soit plus ou moins sûre.

La CCSN explique par ailleurs que les centrales japonaises et canadiennes sont très différentes, ce qui est vrai. Les premières fonctionnent avec de l'uranium enrichi dans un réacteur contenant de l'eau sous pression, tandis que les réacteurs Candu canadiens utilisent de l'uranium non enrichi enfermé dans des tubes de force noyés dans de l'eau lourde.

La Commission omet de dire que les deux systèmes sont comparables en matière de sûreté nucléaire, puisqu'ils répondent aux mêmes normes internationales.

Les réacteurs Candu présentent peut-être moins de risques qu'une explosion se produise à cause de la pression dans le réacteur, mais ils pourraient causer bien d'autres problèmes — notamment au niveau des tubes de force — si survenait un événement aussi hors normes que celui qui a frappé la centrale japonaise.

La CCSN insiste enfin sur le fait que tous les éléments de sûreté sont doublés, voire triplés, dans les centrales canadiennes. C'est vrai, mais ça l'est aussi au Japon. Cette multiplication des systèmes de sécurité est à la base même de l'exploitation de l'énergie nucléaire partout dans le monde. Il y a certainement des exploitants moins consciencieux que d'autres, mais avec ses 55 centrales situées à proximité de zones fortement peuplées, le Japon n'est certainement pas le pays le moins aux aguets.

Les autorités nucléaires devraient reconnaître publiquement que le risque nucléaire, même s'il est très faible et bien inférieur à ce qu'en perçoit la population, ne sera jamais complètement nul, même avec les meilleures volontés du monde.

La CCSN a raison de vouloir rassurer la population, puisque les messages les plus alarmistes et délirants circulent à propos du nucléaire. Mais avec ce document, elle nous prend vraiment pour des imbéciles.

(*La version originale de ce texte a été publiée le 14 mars 2011.*)

* * *

Nucléaire : ce dont il faut avoir peur

L'idée d'un accident nucléaire majeur vous inquiète ? Voici quelques clés pour comprendre les dangers.

Commençons par le commencement : ce qu'est la radioactivité. Quand des atomes se désintègrent, comme c'est le cas au cœur d'un réacteur nucléaire, ils relâchent de l'énergie sous forme de radiations ionisantes, qui peuvent être constituées d'ondes électromagnétiques (comme les rayons X ou gamma) ou de particules (alpha et bêta, neutrons).

L'être humain est continuellement exposé à de la radioactivité d'origine naturelle, qui vient essentiellement du radon (gaz qui se trouve naturellement dans le sol) et des rayons cosmiques. La dose de radiation ionisante reçue par une personne se mesure en sieverts ou, plus généralement, en millisieverts, voire en microsieverts.

En moyenne, dans une année, nous recevons une dose d'environ trois millisieverts (mSv). Plus des trois quarts viennent de la radioactivité naturelle, le reste des radiations utilisées en médecine (surtout les rayons X des radiographies). On estime que les activités de l'industrie nucléaire (incluant l'accident de Tchernobyl) exposeraient chaque être humain à une dose moyenne supplémentaire de 0,002 mSv par an.

Quels sont les effets de ces radiations sur la santé ? Tout dépend de la dose et du temps pendant lequel on y est exposé. À 40 sieverts

(Sv), la mort est instantanée. À 10, elle survient peu de temps après. À plus de 1 Sv, une hospitalisation est nécessaire. Entre 0,1 et 0,5 Sv, le risque de cancer dans les décennies suivantes est accru.

Quand une centrale fonctionne normalement, les doses émises n'ont aucune répercussion sur la santé des voisins ni des travailleurs de l'usine. Ceux-ci ne doivent pas être exposés à une dose de plus de 20 mSv par an.

À la centrale japonaise, les employés pourraient être exposés accidentellement à des doses de radioactivité très élevées, susceptibles de mettre leur santé, voire leur vie, en danger. Un grand nombre de travailleurs doivent s'y relayer pour que chacun reçoive une dose acceptable.

Il y a très peu de risque que des personnes des alentours soient exposées à des doses très élevées de radioactivité, surtout maintenant que la population a été évacuée. Selon l'Organisation mondiale de la santé (OMS), les autorités japonaises suivent les recommandations en vigueur à l'échelle internationale pour mettre la population à l'abri.

Difficile de se prononcer sur les répercussions à plus grande distance tant qu'on ne connaît pas les doses qui ont été émises lors de l'accident ni la direction ou la taille d'un éventuel nuage radioactif. Chose certaine, le risque diminue avec la distance, les particules radioactives se déposant progressivement dans l'environnement.

Lors d'un accident nucléaire, deux isotopes principalement peuvent causer des problèmes à la population : le césium 137, qui persiste encore dans la zone de Tchernobyl près de 30 ans après l'accident, et l'iode 131. Les deux peuvent se retrouver dans l'air ambiant et y voyager au gré du vent, pour se déposer ensuite sur le sol, l'eau et les cultures. Les effets de l'iode 131 peuvent être prévenus en prenant des comprimés d'iode 127 non radioactif, qui vont saturer la thyroïde et l'empêcher de métaboliser l'iode radioactif.

Un peu partout sur la planète, déjà, des gens s'inquiètent : le nuage va-t-il venir jusqu'à nous ? De telles peurs sont largement prématurées et ont toutes les chances d'être totalement infondées presque partout dans le monde.

Plutôt que de craindre égoïstement et en vain pour notre santé à des milliers de kilomètres de l'accident, ayons plutôt une pensée pour ces employés japonais de la centrale et des services d'urgence, qui travaillent dans des conditions extrêmement dangereuses, alors qu'eux et leurs proches ont probablement été durement touchés par le séisme et le tsunami.

(*La version originale de ce texte a été publiée le 15 mars 2011.*)

NDA : Le dernier bilan fait état de 18 500 décès causés par le séisme et le tsunami dans la région de Fukushima. L'OMS estime que le risque de cancers n'a pas été accru par cet accident en dehors de la région immédiate de Fukushima, rapidement évacuée. Dans les zones les plus touchées, on a relevé une petite augmentation du risque de cancers de la thyroïde pour les fillettes.

Transport de déchets nucléaires : les démagogues montent au front

Les experts de la Commission canadienne de sûreté nucléaire (CCSN) jugent que le transport par bateau jusqu'en Suède des 16 générateurs de vapeur de la société ontarienne Bruce Power représente un risque négligeable.

Le Parti québécois, le Bloc québécois, des municipalités et des groupes écologiques s'opposent à cette initiative. Leurs arguments ? Un joyeux mélange de méfiance, d'ignorance et de démagogie.

Une partie des opposants ne croient tout simplement pas les spécialistes de la CCSN. Pourquoi ? C'est un peu l'histoire du loup. Depuis des mois, des scientifiques du fédéral dans différents domaines sont régulièrement muselés par le premier ministre, Stephen Harper, qui agit en outre parfois à l'encontre de leurs recommandations. Disons que ce climat n'incite guère à faire confiance au message officiel des experts employés par Ottawa.

La dernière fois que la CCSN a fait les manchettes, en 2008, sa présidente, Linda Keen, venait d'être limogée par le gouvernement après qu'elle eut déconseillé le redémarrage du réacteur nucléaire de Chalk River, jugé trop à risque. Son expertise avait dû céder le pas devant des considérations politiques — la gestion désastreuse de la production des isotopes médicaux par le Canada ayant placé le gouvernement Harper en très mauvaise posture sur la scène internationale.

Faut-il s'étonner maintenant qu'une partie de la population ne croie plus les experts de la CCSN, jugés à la solde du politique?

Pourtant, dans le dossier du transport des générateurs de vapeur, la CCSN a mis les bouchées doubles pour expliquer et justifier publiquement sa décision. Au vu des documents qu'elle publie sur son site, il est très clair que le transport de ces équipements, si imposants soient-ils, n'a rien d'une catastrophe écologique en puissance et ne représente pas un danger notable pour les riverains du fleuve.

D'ailleurs, depuis les débuts de l'industrie nucléaire, on n'a jamais recensé d'accident lors du transport de matières radioactives. Les normes concernant cette activité sont extrêmement strictes et établies par l'Agence internationale de l'énergie atomique. Les mêmes normes s'appliquent aussi bien au Canada qu'en Suède ou aux États-Unis.

Chaque générateur de vapeur a la taille d'un autobus scolaire. Mais la quantité de radioactivité qu'il contient est très faible: la dose émise à proximité, que les experts estiment à 0,08 millisievert par heure, est six fois moindre que ce qu'émet un colis contenant des isotopes médicaux — comme il en circule 50 000 par an dans les rues de Montréal.

Les isotopes médicaux ou les déchets nucléaires que l'on transporte sont habituellement confinés dans des emballages blindés, conçus pour résister aux chocs les plus violents. Dans le cas des générateurs de vapeur, un tel emballage n'est pas nécessaire, puisqu'ils sont déjà blindés.

C'est justement pour recycler cet énorme blindage d'acier que Bruce Power envoie ses générateurs en Suède: 90 % de ses composants pourront être réutilisés dans d'autres usages, ce qui contribue à diminuer le volume de déchets à traiter. La partie radioactive reviendra ensuite au pays, convenablement emballée, pour rejoindre un endroit de stockage.

Même si elle n'a rien de particulièrement dangereux, cette opération représente une occasion en or pour des démagogues. Pensez donc! D'énormes déchets nucléaires de l'Ontario qui nous passent sous le nez! Quelle belle occasion de surfer sur la peur pour faire valoir son point de vue!

Pourtant, les risques réels que représente le transport de ces déchets, qui semblent effectivement négligeables, selon l'analyse de la CCSN, ne doivent pas être confondus avec les risques globaux que représente l'exploitation de l'énergie nucléaire.

L'équation « nucléaire = danger » est un peu simpliste. Tout est question de dose, de durée d'exposition, de radioprotection, de mesures de sécurité et de risque relatif.

On peut parfaitement être opposé à l'énergie nucléaire, pour des raisons tout à fait valables, sans pour autant craindre le transport de ces générateurs de vapeur.

C'est un dangereux précédent, entend-on aussi un peu partout. Faux. La CCSN n'a pas eu à faire de dérogation pour Bruce Power. Les règles habituelles pour le transport de matières dangereuses ont été respectées. Ce n'est pas la taille de l'équipement à transporter qui compte, mais le risque que représente son transport, tenant compte des manipulations nécessaires.

Le fédéral s'immisce dans les affaires du Québec en autorisant ce transport, critique-t-on. Vrai. Mais la sûreté nucléaire est de compétence fédérale, tout comme la Voie maritime et les ports. D'ailleurs, qui s'offusque que les raffineries de l'Ontario fassent passer leurs pétroliers sous notre nez depuis des décennies? Et qui s'inquiète du blindage des isotopes médicaux qui circulent quotidiennement sur nos routes truffées de nids-de-poule? Il est tellement facile de montrer du doigt le fédéral avec ces gros générateurs de vapeur qui frappent l'imagination. Quitte à faire peur pour rien.

La CCSN doit croire Bruce Power sur parole, entend-on encore. C'est vrai, mais pas extraordinaire. Dans bien des domaines, des fonctionnaires fédéraux ou provinciaux approuvent des produits ou des procédés industriels sur la foi de documents produits par l'industrie. C'est comme ça qu'on autorise de nouveaux médicaments, des aliments, des mines ou des usines.

Dans le cas du nucléaire, les experts connaissent particulièrement bien leurs dossiers, puisque la CCSN compte en permanence des représentants dans chacune des centrales nucléaires du pays. Leur compétence est reconnue. La décision au sujet de ces générateurs de vapeur a été rendue clairement et ouvertement. Que demander de plus?

À moins que tous les opposants au transport de ces déchets ne nous montrent des expertises scientifiques qui feraient la preuve que les experts ont erré, je ne vois pour l'instant pas de raison de leur faire plus confiance qu'aux spécialistes de la CCSN.

(La version originale de ce texte a été publiée le 14 février 2011.)

Fermer Gentilly pour cause de leucémies ? Non !

Je n'ai pas encore vu le documentaire *Gentilly or Not To Be,* qui sort ces jours-ci. Mais les interventions publiques de sa coréalisatrice, Guylaine Maroist, et les commentaires rapportés dans les médias m'inspirent la plus grande méfiance.

Voici donc quelques faits à connaître avant de gober tout rond certaines des opinions présentées.

Si l'on en croit ce « documentaire-choc », le taux de leucémies dans les environs de Gentilly serait anormalement élevé, et plusieurs études récentes auraient démontré que ce phénomène se produit systématiquement autour des centrales nucléaires. On nous dit aussi que les environs de la centrale sont déconseillés aux femmes enceintes et qu'on ne devrait pas consommer les fruits et légumes cultivés là.

Faux. Aucune des études sérieuses dont on parle n'est aussi catégorique, seule l'enflure médiatique a transformé leurs résultats en inquiétudes.

Une de ces études, réalisée en France et publiée dans l'*International Journal of Cancer,* a notamment donné lieu à toutes sortes d'interprétations farfelues, comme l'explique très bien le journaliste scientifique Sylvestre Huet, du quotidien français *Libération.*

Ce qui a semé la panique, c'est que ses auteurs ont découvert que, de 2002 à 2007, le taux de leucémies à moins de cinq kilomètres des centrales françaises avait été supérieur à la moyenne nationale. Mais les militants et nombre de journalistes se sont bien gardés d'évoquer les deux réelles conclusions de cette publication scientifique : **1.** De 1990 à 2007, le taux de leucémies autour des centrales n'a pas augmenté. N'importe quel statisticien vous dira que des données relevées sur 17 ans sont plus solides que les mêmes données relevées sur seulement 5 ans. **2.** En aucun cas cet excès temporaire de leucémies ne peut être lié à la radioactivité émise par la centrale, qui est 1 000 fois plus faible que la radioactivité naturelle. Les doses auxquelles sont exposés des enfants vivant dans bien des régions françaises sont largement supérieures à celles reçues par les enfants des environs des centrales.

À Gentilly, la Direction régionale de la santé publique suit depuis 21 ans le taux de leucémies et de malformations congénitales, entre autres. Aucun de ses relevés n'a quoi que ce soit d'inquiétant.

L'excès statistique dans le nombre de leucémies relevé en 2003 et 2004 n'est pas significatif, et rien ne permet de le relier à la présence de la centrale.

La coréalisatrice de *Gentilly or Not to Be* dit avoir été convaincue de l'importance de réaliser ce documentaire parce que des physiciens nucléaires et des médecins s'inquiètent de Gentilly.

Certes. Mais pourriez-vous me donner une seule bonne raison de faire plus confiance au Dr Éric Notebaert, cité dans le documentaire, qu'aux autres médecins du Québec en matière de sécurité nucléaire? Ce professeur adjoint de l'Université de Montréal et urgentologue n'est ni spécialiste de la leucémie, ni de la santé publique ou environnementale, ni de l'épidémiologie. Que le Dr Notebaert critique de manière scientifique les données de la Santé publique autour de Gentilly et qu'il publie ses résultats dans une revue savante, et on en reparlera.

Et pourquoi devrions-nous faire une confiance aveugle à Michel Duguay, professeur de génie à l'Université Laval, qui n'a pas travaillé en physique nucléaire depuis plusieurs décennies, mais coordonne le mouvement Sortons le Québec du nucléaire?

Ne pourrait-on pas faire aussi valoir l'opinion d'autres spécialistes en physique nucléaire, certes proches d'Hydro-Québec, mais qu'on ne devrait pas considérer d'emblée comme « pourris » pour autant ? Et pourquoi ne pas interviewer les auteurs de certaines études européennes plutôt que ceux, très minoritaires, qui les critiquent, comme le consultant britannique Ian Fairlie ? Des centaines d'autres médecins et physiciens nucléaires ont des opinions radicalement différentes des « scientifiques » interviewés dans ce documentaire.

Comment trancher ? Guylaine Maroist ne semble pas le savoir, et c'est fort dommage.

Il n'y a pas de conspiration du silence. Nous ne vivons pas dans une dictature, où l'on empêche les scientifiques qui contestent l'opinion majoritaire de publier.

(La version originale de ce texte a été publiée le 12 septembre 2012.)

Les centres d'injection supervisée de drogue pour désengorger les urgences

La prochaine fois que vous attendrez des heures aux urgences, dites-vous que celles-ci sont peut-être encombrées par des gens qui ne seraient pas là si le ministre Yves Bolduc faisait preuve d'un peu plus de courage politique.

Le 4 décembre, l'Institut national de santé publique a publié sur son site Web son avis sur les services d'injection supervisée, où les drogués peuvent se piquer sous supervision, avec leur propre drogue. On peut y lire (c'est long, mais intéressant...) :

« Il convient d'être raisonnable dans les attentes manifestées à l'égard de ces services. L'on ne peut s'attendre à ce qu'ils constituent une réponse à tous les problèmes de santé et d'ordre public liés à l'injection et à la consommation de drogues.

« Les services d'injection supervisée (SIS) présentent néanmoins plusieurs bénéfices pour la santé des utilisateurs de drogues par injection (UDI), et à court terme dans bon nombre de cas. Ils constituent des réponses pragmatiques, humanistes et innovatrices relativement à certains problèmes auxquels les approches traditionnelles (prohibition, traitement) et même les services de réduction des méfaits actuels n'ont pas fourni de solutions. De plus, aucun effet négatif sur la santé n'a été documenté dans les recherches scientifiques menées à ce jour.

« Pour le Québec, les gains financiers associés à cette mesure seraient d'autant plus importants que les SIS permettent de canaliser des clientèles qui consultent souvent à répétition dans les urgences. Ces services ont aussi la capacité d'améliorer l'accessibilité, la continuité et la qualité des services aux clientèles vulnérables en mobilisant peu de ressources du réseau de la santé et en comptant sur la collaboration des organismes communautaires en prévention auprès des usagers de drogues par injection. »

De nombreuses expériences internationales et des programmes de recherche ont prouvé depuis des années que les SIS n'encouragent pas le trafic ou la consommation de drogue et ne dérangent pas le voisinage. Par contre, ils permettent d'aider les drogués à se piquer « proprement », diminuent les risques de surdose fatale, sortent ces personnes de leur isolement et accroissent les chances qu'elles aillent chercher de l'aide.

Les études menées avec le centre Insite de Vancouver, le premier SIS en Amérique du Nord, sont concluantes. Même si plus de 600 surdoses s'y sont produites en deux ans, aucune ne s'est soldée par un décès. Huit personnes au moins (51, selon les estimations les plus larges) seraient mortes sans cela, indique l'Institut national de santé publique du Québec (INSPQ). En Allemagne, l'ouverture de SIS dans plusieurs villes y a fait diminuer le nombre de surdoses.

Malgré tout, à Ottawa, les conservateurs ne veulent pas entendre parler de tels services.

Au Québec, le précédent ministre de la Santé, Philippe Couillard, était prêt à donner son aval aux SIS au printemps 2008. En août 2008, Yves Bolduc avait annoncé qu'il préférait demander son avis à l'INSPQ.

Il y a sept ans, l'INSPQ avait sondé les Québécois à propos des SIS : 54 % d'entre eux étaient favorables à la mise sur pied de ce service.

Les études sont solides, la population est favorable à de telles installations. On attend quoi ? Que la drogue arrête de tuer des gens par magie ou que nos urgentologues s'ennuient ?

(*La version originale de ce texte a été publiée le 15 décembre 2009.*)

Les soins palliatifs prolongent-ils la vie ?

Les soins palliatifs ne feraient pas qu'améliorer la qualité de vie des gens en phase terminale. Ils prolongeraient aussi la vie des malades, selon une étude publiée en août dans le *New England Journal of Medicine*.

Les chercheurs du Massachusetts General Hospital, à Boston, ont mené leur étude auprès de 151 personnes atteintes du plus commun des cancers du poumon, à un stade avancé. Dès le diagnostic, ces malades ont été répartis de façon aléatoire dans deux groupes : certains recevaient seulement le traitement oncologique habituel, alors que les autres avaient accès, en plus, à des soins palliatifs.

Les chercheurs ont ensuite évalué l'état des malades pendant 12 semaines. Parmi les 127 personnes toujours en vie à la fin de cette période, celles qui avaient reçu des soins palliatifs dès le diagnostic ont eu une meilleure qualité de vie (évaluée par des questionnaires auprès des malades) et moins de symptômes dépressifs.

Plus surprenant : même si elles ont pris des médicaments moins puissants en moyenne que les malades de l'autre groupe, ces personnes ont vécu plus longtemps ! Celles qui avaient reçu les soins palliatifs dès le diagnostic ont survécu 11,6 mois, contre 8,9 mois en moyenne pour les autres.

Survivre dans un meilleur état et plus longtemps, avec des médicaments moins agressifs (et probablement moins coûteux...)? Vus sous cet angle, les soins palliatifs ne présentent que des avantages!

Faudrait-il dès lors les proposer à toute personne atteinte d'une maladie généralement fatale à plus ou moins court terme? Dans son éditorial, le *New England Journal of Medicine* parle d'un changement de paradigme nécessaire, tout en insistant sur la nécessité de faire d'autres études et de préciser les facteurs qui rendraient aussi performants ces soins non strictement médicaux.

(La version originale de ce texte a été publiée le 7 septembre 2010.)

Le robot-phoque en CHSLD : c'est sérieux !

Le bébé phoque robotisé Paro, conçu pour divertir les personnes âgées qui résident dans les CHSLD, n'est pas une panacée, et il n'a pas fait la preuve de son efficacité. Mais cet outil — pour lequel le ministre de la Santé, Yves Bolduc, s'est enthousiasmé récemment, provoquant les railleries de la députée péquiste Carole Poirier et la colère de l'Association des chasseurs de phoque des Îles-de-la-Madeleine — mérite qu'on s'y intéresse.

Paro a été mis au point en 1993 par Takanori Shibata, chercheur du Japan National Institute of Advanced Industrial Science and Technology, un laboratoire de l'État japonais. Depuis 2005, il a été vendu à des milliers d'exemplaires dans le monde, d'abord au Japon, puis au Danemark, et depuis 2009, en Amérique du Nord.

Pourquoi un bébé phoque ? Pour les mêmes raisons pas très rationnelles qui font que Brigitte Bardot s'intéresse aux phoques : avec ses grands yeux, l'animal est particulièrement attendrissant. L'idée a d'ailleurs été inspirée au chercheur japonais par des images d'un blanchon madelinot.

Le bébé phoque a aussi l'avantage de ne pas être un animal domestique qu'on a l'habitude de flatter, ce qui fait qu'une version robotisée, même imparfaite, a plus de chances d'être acceptée que celle d'un chien ou d'un chat, dont on connaît bien le comportement.

Depuis sa commercialisation, Paro a fait l'objet d'innombrables reportages. On y a rapporté, de manière anecdotique, qu'il pouvait aider des personnes âgées aux prises avec des démences ou la maladie d'Alzheimer. Mais son efficacité a fait l'objet de bien peu de recherches systématiques : la plupart des publications scientifiques à son sujet portent sur ses spécificités techniques et non sur son aptitude à améliorer les soins aux personnes âgées.

En septembre dernier, cependant, Wendy Moyle, chercheuse australienne de la Griffith University, spécialiste réputée en soins aux personnes atteintes de démence, a publié une première étude relative à l'effet du robot Paro sur 18 personnes résidant en établissement et atteintes de démences modérées ou graves.

Selon ses premiers résultats, le robot jouerait auprès des malades un rôle comparable à celui d'un animal domestique, dont on a déjà démontré les bienfaits sur la capacité de communication, le sentiment de solitude et la qualité de vie. Avec toutefois un avantage : le robot n'a pas besoin d'être nourri ni soigné et ne souffre pas d'être manipulé n'importe comment.

Tout cela est encore préliminaire, et ne justifierait pas à ce stade que Québec investisse pour en doter les CHSLD. Mais des expériences devraient certainement être encouragées, histoire de vérifier si les bénéfices rapportés de manière anecdotique sont bien réels.

Quant au coût (6 000 dollars), il ne semble pas forcément aberrant en comparaison de celui de certains médicaments ou d'autres formes de thérapies.

En tout cas, ce n'est certainement pas parce qu'il est facile de se moquer d'une peluche robotisée qu'on devrait balayer cette option du revers de la main et la tourner en ridicule. C'est du sérieux !

(La version originale de ce texte a été publiée le 10 avril 2012.)

✳ ✳ ✳

Les ordonnances non conformes, plus nombreuses qu'on ne le croit

Les médecins du Québec donnent souvent à leurs patients des médicaments qui n'ont pas été approuvés par le ministère de la Santé du Canada pour l'usage visé par l'ordonnance, montre une étude de l'Université McGill publiée dans les *Archives of Internal Medicine*.

Tewodros Eguale et ses collègues ont examiné les 253 347 ordonnances signées par 113 médecins de première ligne québécois de janvier 2005 à décembre 2009. Ils ont découvert que 11 % de tous les médicaments prescrits l'avaient été pour traiter des maladies non mentionnées dans les directives d'utilisation — un emploi dit non conforme, ou « *off label* », dans le jargon. Pour certains médicaments, le taux atteignait des sommets, par exemple les anticonvulsifs (66,6 % d'emplois non conformes), les antipsychotiques (43,8 %) ou les antidépresseurs (33,4 %).

Faut-il s'inquiéter que les médecins dérogent régulièrement aux normes dictées par Santé Canada, même si cette pratique est parfaitement légale ?

Oui... et non.

Dans la majeure partie des cas (79 %, selon les chercheurs), ces ordonnances pour un emploi non conforme ne s'appuient pas sur des preuves scientifiques. Pour donner ces médicaments, les médecins se basent sur leur propre expérience et sur la connaissance du patient qu'ils ont en face d'eux. Avec tout ce que cela peut comporter d'aléatoire.

Comme le souligne toutefois un autre chercheur dans une lettre d'opinion publiée par *Archives of Internal Medicine* («What does off-label prescribing really mean?» [que signifie vraiment l'ordonnance non conforme]), la diversité des personnes traitées par un médecin fait qu'il serait illusoire de se dire qu'on peut, lors des études cliniques et des processus d'approbation, prévoir tous les cas où un médicament pourra soulager un malade. Il y aura toujours de la place, et c'est heureux, pour qu'un médecin puisse déroger aux normes.

Le hic, c'est qu'on manque manifestement d'information sur ce phénomène. Le «savoir collectif» des médecins n'est consigné nulle part, pas plus que l'efficacité de leurs ordonnances.

On peut se demander aussi s'il ne faudrait pas revoir les coûteux processus d'approbation d'un médicament, puisque au final celui-ci est la plupart du temps prescrit à des malades auxquels il n'était pas initialement destiné. Traquer les effets indésirables peut devenir tout un casse-tête dans ces conditions!

Pour Tewodros Eguale et ses collègues, la prochaine étape consistera à essayer d'établir des liens entre les médicaments prescrits et les résultats thérapeutiques en partant des données fournies par les médecins.

À l'heure où on essaie de juguler les frais de santé de toutes les manières possibles, il y a certainement là bien des choses à éclaircir...

(*La version originale de ce texte a été publiée le 4 mai 2012.*)

✳✳✳

Cancer du sein : les révélations d'Angelina Jolie

L'actrice américaine Angelina Jolie raconte aujourd'hui dans le *New York Times* qu'elle a opté pour une double mastectomie préventive après avoir appris qu'elle était porteuse du gène BRCA1, qui augmente considérablement le risque d'avoir un cancer du sein ou des ovaires.

La nouvelle a fait grand bruit, car il est rare qu'une personnalité publique se livre à ce sujet, surtout dans un milieu où l'apparence physique est aussi importante. L'actrice de 37 ans espère que le récit de son expérience profitera à d'autres femmes.

Sa lettre ouverte est tout à fait une bonne chose, car elle contribue à briser le tabou sur cette opération. Bravo ! Cependant, il ne faudrait pas en déduire que devant un risque élevé de cancer du sein, la double mastectomie soit forcément le meilleur choix. Ni que subir des tests pour savoir si l'on est ou non porteuse du gène à risque soit la seule option valable.

C'est à chaque femme de décider si elle souhaite ou non faire des tests, et ensuite se faire opérer ou non. L'important, c'est d'offrir à toutes les femmes la possibilité de faire des choix éclairés, en leur présentant l'information de manière complète, compréhensible et objective.

La double mastectomie réduit de beaucoup le risque d'un cancer pour les femmes porteuses du gène BRCA1, comme Angelina Jolie. Dans son cas, elle est passée de 83 % de risque à 5 %, explique-t-elle.

Cela signifie que sur 100 femmes qui subissent une double mastectomie à la suite d'un tel diagnostic, 17 se seront exposées aux risques d'une intervention chirurgicale sans avantage autre que celui (non négligeable) de voir leur anxiété diminuer, et 5 auront quand même un cancer du sein. C'est un pensez-y bien.

Dans la balance, il faut aussi mettre les inconvénients et les avantages des mammographies préventives, qui permettraient de déceler plus tôt un éventuel cancer chez ces femmes à risque.

Il faut considérer aussi les chances de succès du traitement en cas de cancer. Même si les cancers du sein qui surviennent à un jeune âge sont plus agressifs, le taux de survie à cinq ans est de 88 %.

Même la décision de passer ou non un test génétique pour les femmes ayant d'importants antécédents familiaux ne doit pas être prise à la légère. Il faut penser à la façon dont on va transmettre l'information aux autres membres de la famille (sœurs et filles, surtout), qui, elles, pourraient ne pas vouloir savoir, et dont on devra respecter le choix.

Il faut aussi penser aux conséquences sur, par exemple, l'assurance, car un résultat positif risque fort d'empêcher de souscrire une assurance vie (le Canada n'a pas, contrairement aux États-Unis, de loi sur la discrimination génétique). Chaque femme devrait pouvoir discuter avec son médecin, et pouvoir obtenir un conseil génétique de qualité. Pour aider les médecins, des chercheurs de l'Université Laval ont élaboré un outil d'aide à la décision spécialement consacré à cette question. Vous pouvez toujours le suggérer à votre médecin...

(*La version originale de ce texte a été publiée le 15 mai 2013.*)

NDA : L'outil d'aide à la décision est accessible à : decisionbox. ulaval.ca/fileadmin/documents/decisionbox/document/fr_Dbox. BRCA.pdf

✳ ✳ ✳

Cellulaires et cancer : l'échec de l'étude Interphone

Dix années de recherche, 13 pays, 30 chercheurs, 14 000 volontaires... et 0 résultat, selon un communiqué rendu public aujourd'hui par l'Université de Montréal et le Centre de recherche du CHUM. L'étude Interphone, qui devait permettre de trancher sur le risque de cancer du cerveau associé à l'utilisation des téléphones cellulaires, est un échec cuisant.

La seule chose qu'on peut en dire, c'est que s'il existe un risque, celui-ci doit être très mince. Tellement mince que cette immense étude épidémiologique n'a pas été à même de l'évaluer. Ce qui est tout de même très rassurant !

Les résultats de l'étude Interphone auraient dû être publiés il y a plus de deux ans, mais il a fallu bien des tractations entre épidémiologistes pour aboutir à un accord avant la publication dans l'*International Journal of Epidemiology*. Tous les spécialistes ne s'entendaient pas sur la méthodologie à suivre pour relever un défi aussi complexe.

Interphone est une étude cas-témoins, dans le jargon des épidémiologistes. Les cas : quelque 7 000 personnes atteintes de divers cancers du cerveau. Les témoins : des personnes ayant le même âge et le même sexe que les premières, mais n'ayant pas ces maladies. À toutes, les chercheurs ont soumis un questionnaire visant à déterminer leur profil d'usager du téléphone cellulaire. Puis, ils ont analysé les différences entre les deux groupes.

C'est là que les choses se sont corsées. Car les données à analyser ne sont pas forcément fiables. Vous rappelez-vous précisément combien de temps vous avez utilisé votre cellulaire dans les dernières années ? Quelle marque utilisiez-vous ? Comment était-il conçu ? Il y a là matière à tellement d'erreurs qu'on peut faire dire n'importe quoi aux résultats !

Avec Interphone, les épidémiologistes se sont heurtés aux limites de leur discipline. Ils ont montré bien malgré eux qu'il existe des risques impossibles à estimer, même en étudiant des milliers de gens.

Et dire que du côté des fabricants de téléphones cellulaires comme de celui des militants « anti-ondes » en tous genres, il y a des gens qui prétendent détenir la vérité...

(La version originale de ce texte a été publiée le 17 mai 2010.)

Compteurs intelligents : de la lecture pour Bernard Drainville... et les autres

Quand je lis dans *Le Devoir* que le député péquiste Bernard Drainville ne sait pas comment rassurer les gens qui s'inquiètent des ondes émises par les « compteurs intelligents » d'Hydro-Québec, c'est moi qui m'inquiète ! Quel fâcheux exemple de manque de culture scientifique !

Une connaissance ne serait-ce que superficielle du sujet devrait amener à relativiser le risque, ce qui devrait rassurer une bonne partie de la population. Dire qu'on manque d'études sérieuses, comme semble le croire Bernard Drainville, c'est jeter de l'huile sur le feu. Et c'est faux.

D'un autre côté, expliquer que les compteurs ne posent pas de danger, parce que l'intensité des ondes qu'ils émettent est bien inférieure aux normes en vigueur, est loin d'être suffisant, puisque bien des gens ne font pas confiance à ces normes.

Le député Drainville demande que l'État élargisse le mandat de la Régie de l'énergie pour y inclure notamment une étude des effets sur la santé de ces fameux compteurs. Il n'y a pourtant aucune chance que, dans ce mandat élargi, la Régie dise autre chose que ce que l'on sait déjà : dans l'état actuel des connaissances scientifiques, les répercussions sur la santé sont très certainement négligeables.

Cela signifie que le risque que posent ces compteurs n'est pas nul, mais très minime, comparé à toutes sortes d'autres facteurs susceptibles d'affecter notre santé. Ce qui pose problème, ce n'est donc pas le risque engendré par les compteurs, mais la communication de ce risque, qui, si elle est mal gérée, peut avoir des retombées négatives importantes pour la population.

Si les décideurs (tout comme les groupes de pression, Hydro-Québec et les journalistes) ne sont pas très clairs au sujet de l'état des connaissances sur les ondes électromagnétiques et par rapport au niveau de risque encouru, ils risquent d'augmenter la paranoïa ambiante et probablement d'influer sur le nombre de gens qui souffrent du syndrome d'électrosensibilité (dans laquelle la peur des ondes semble jouer un rôle important). Ils risquent aussi d'inciter les pouvoirs publics à dépenser là où ce n'est pas nécessaire, pour des études qui n'en valent pas la peine. On n'a certainement pas besoin de gaspiller l'argent public.

Ce qu'il faut expliquer à propos des ondes électromagnétiques, c'est que même si on n'en aura jamais la certitude absolue, la très grande majorité des études menées dans le monde à ce sujet (et pas seulement par des industriels) n'ont pas trouvé de répercussions notables, aux seuils d'émissions concernés. Et que les études se poursuivent.

Le Québec est loin d'être le premier endroit au monde où s'engage un débat sur les ondes électromagnétiques. Peut-il apprendre de ce qui s'est passé ailleurs, pour éviter que la situation ne tourne au vinaigre ? Oui !

Pour le bien commun, Bernard Drainville, tout comme les gens de l'Association québécoise de lutte contre la pollution atmosphérique et ceux d'Hydro-Québec, aurait tout intérêt à jeter un œil sur une publication de 2003 de l'Organisation mondiale de la santé, au titre explicite : *Instauration d'un dialogue sur les risques dus aux champs électromagnétiques*. Tout y est !

Quant à savoir si les « compteurs intelligents » auront un effet sur la consommation d'énergie des Québécois et sur leurs factures,

c'est évidemment un tout autre débat.
(*La version originale de ce texte a été publiée le 31 janvier 2012.*)

NDA : Bien qu'il date de plus de 10 ans, le document de l'OMS *Instauration d'un dialogue sur les risques dus aux champs électro-magnétiques* est toujours pertinent. Il peut être consulté à : who.int/peh-emf/publications/emf_risk_french.pdf

Ne cherchez pas le cerveau reptilien de Clotaire Rapaille

Que renferme le cerveau reptilien des gens de Québec, que sonde à grand bruit le publicitaire français Clotaire Rapaille? Des pensées sadomasochistes? Un complexe d'infériorité? J'ai un *scoop* pour vous.

Le cerveau reptilien n'existe pas!

Ce concept a été inventé dans les années 1960 par un médecin américain spécialiste du cerveau, le Dr Paul MacLean, pour expliquer l'organisation cérébrale. Selon son modèle, dit «du cerveau triunique», le cerveau humain serait en réalité formé de trois cerveaux apparus les uns après les autres au cours de l'évolution des espèces: le cerveau reptilien, le système limbique et le néocortex. Sauf que ce modèle n'a été confirmé depuis par aucune preuve scientifique.

D'ailleurs, les cerveaux des animaux apparus avant l'humain ne correspondent pas à des stades «primitifs» du cerveau humain. L'intelligence animale est beaucoup plus complexe que ce que l'on s'imagine. (Et, désolée de vous le dire, l'espèce humaine n'est pas au sommet de l'évolution!)

L'analyse du cerveau reptilien (tout comme la psychanalyse, d'ailleurs) fournit en revanche d'excellents ingrédients pseudoscientifiques pour justifier de coûteux mandats de marketing ou de publicité.

Clotaire Rapaille est peut-être un génie de la pub, mais disons qu'il s'y entend surtout pour emballer son savoir-faire dans du blabla.

(*La version originale de ce texte a été publiée le 15 mars 2010.*)

Sclérose en plaques : trop tôt pour la méthode Zamboni

Le Canada ne doit pas financer d'études cliniques pour vérifier l'efficacité du traitement expérimental de la sclérose en plaques défendu par le médecin italien Paolo Zamboni, a annoncé hier un groupe d'experts réuni par les Instituts de recherche en santé du Canada.

C'est une grande déception pour les malades, mais probablement une sage décision, quand on voit la qualité des études scientifiques réalisées à ce jour sur ce traitement.

Selon le Dr Zamboni, professeur à l'Université de Ferrara, en Italie, la sclérose en plaques ferait suite à un blocage des veines de la nuque, qu'il suffirait donc de débloquer par une intervention chirurgicale pour faire disparaître les symptômes de cette maladie.

Le médecin a confirmé cette hypothèse dans une étude publiée en 2009, menée auprès de 65 personnes atteintes de sclérose en plaques (SP) et de 235 témoins. Mais cette étude présente une lacune majeure : elle n'a pas été réalisée à l'insu. Le technicien responsable de faire passer les échographies aux patients, tout comme les chercheurs chargés d'analyser les données, savait quels patients étaient atteints de SP. Scientifiquement, cela ne vaut rien, puisque l'on sait très bien que, sans étude à l'insu, on tend toujours à trouver ce que l'on cherche.

D'ailleurs, le Dr Zamboni et son équipe n'ont découvert aucun rétrécissement veineux chez les personnes qui n'avaient pas la maladie, alors qu'on en a trouvé chez tous les patients atteints de SP. Voilà qui semble bizarre, quand on sait que l'incidence de la sclérose en plaques n'est pas plus élevée chez les gens qui, pour une raison ou pour une autre, présentent un rétrécissement de ces veines !

Seules des études scientifiques sérieuses permettront de juger de la validité de cette ligne de conduite thérapeutique, et non d'éventuelles « guérisons » mal démontrées. Or, pour l'instant, aucune étude n'a corroboré celle du Dr Zamboni, dont la théorie ne cadre pas avec ce qu'on connaît de la SP.

Devant l'engouement de certains malades pour ce traitement — que d'aucuns présentent comme miraculeux —, la Société canadienne de la sclérose en plaques et la National Multiple Sclerosis Society américaine ont annoncé en juin qu'elles financeraient sept études, à hauteur de 2,4 millions de dollars, pour vérifier les dires du Dr Zamboni. Une fois ces études terminées, il sera temps pour l'État de financer la recherche clinique. D'ici là, les autorités n'ont pas à soutenir des essais coûteux et potentiellement dangereux pour les malades. Que le Dr Zamboni ou d'autres publient des études valides au sujet de ce traitement, et on en reparlera.

(*La version originale de ce texte a été publiée le 1er septembre 2010.*)

Les thérapies parallèles ont-elles tué Steve Jobs?

Selon le *New York Times*, une nouvelle biographie de Steve Jobs qui paraîtra lundi raconte que le fondateur d'Apple a fait appel à toutes sortes de thérapies parallèles pour combattre le cancer du pancréas qui a eu raison de lui le mois dernier.

Contre l'avis de ses médecins et de plusieurs de ses proches, Steve Jobs a attendu des mois avant de recourir à la chirurgie et à la chimiothérapie pour traiter la tumeur neuroendocrinienne du pancréas dont il était atteint. Ce cancer, s'il est traité à temps, se soigne relativement bien : le taux de survie à cinq ans est de 87 %.

Steve Jobs a plutôt cherché le soulagement dans l'acupuncture, une diète à base de jus de fruits, des herbes médicinales et d'autres traitements parallèles, qu'il avait repérés sur Internet. Exactement ce que les spécialistes déconseillent à toute personne sensée !

Aucune de ces approches n'a fait la preuve de son efficacité, comme l'explique en détail le magazine *Scientific American*. Au mieux, tous ces traitements n'ont pas permis au fondateur d'Apple de mieux lutter contre le cancer. Au pire, ils auraient même pu lui nuire : consommer de grandes quantités de jus de fruits représente un apport en sucre non négligeable, qui a pu promouvoir les mécanismes d'inflammation et accélérer la multiplication des cellules cancéreuses.

Qu'est-ce qui a poussé un homme aussi brillant à tourner le dos à la science pour se jeter corps et âme dans des thérapies aussi hasardeuses ? Le goût du risque ? La foi ?

Force est de reconnaître que cette stratégie n'a malheureusement pas été payante.

En 2005, Steve Jobs présentait à l'Université Stanford une conférence fort inspirante sur le thème « How to live before you die » (comment vivre avant de mourir), dans le cadre des célèbres TED Conferences. Plus de 12 millions de personnes l'ont déjà vue sur YouTube. Il n'y faisait, heureusement, aucune mention de sa foi dans les thérapies parallèles.

(La version originale de ce texte a été publiée le 28 octobre 2011.)

Prier pour guérir

Les autorités américaines, par l'intermédiaire du National Center for Complementary and Alternative Medicine, ont dépensé 1,6 milliard de dollars pour évaluer des thérapies qui n'avaient aucune chance d'être plus efficaces qu'un simple placébo, estime le réputé chercheur Paul Offit dans un article publié récemment dans le *Journal of the American Medical Association.*

Ce centre de recherche, membre des National Institutes of Health (NIH), a notamment dépensé 750 000 dollars pour vérifier si la prière avait un effet sur la guérison du sida ou les suites d'un cancer du sein, 374 000 dollars pour voir si le parfum de lavande accélérait la guérison des blessures et 700 000 dollars pour vérifier l'effet des aimants sur l'arthrite.

Les études n'ont évidemment trouvé aucune preuve de l'efficacité de ces traitements farfelus.

Selon Paul Offit, pour qu'il soit justifié de financer des études sur une thérapie parallèle, il faudrait au minimum que son principe d'action puisse être lié à des phénomènes biologiques connus, ce qui n'est pas le cas pour les traitements cités ci-dessus.

Les études visant à démontrer qu'un traitement n'a pas d'effet sont tout aussi inutiles, dit le chercheur, parce que les gens qui croient à des sornettes telles que la guérison par l'imposition des mains ne renonceront pas à leurs idées sous prétexte qu'une étude scientifique a démontré qu'ils ont tort.

Laissons donc tomber toutes ces bêtises, demande Paul Offit aux NIH, et cherchons plutôt à mieux comprendre comment utiliser efficacement l'effet placébo.

Le National Center for Complementary and Alternative Medicine a été créé en 1992, sous la pression de politiciens américains qui croyaient à toutes sortes de thérapies farfelues.

Maintenant que nous avons au Canada des députés conservateurs fédéraux qui croient à l'imposition des mains, j'espère qu'ils ne pousseront pas les Instituts de recherche en santé du Canada à imiter cette initiative...

(La version originale de ce texte a été publiée le 18 mai 2012.)

Remerciements

Quand, en 2009, la rédactrice en chef et éditrice de *L'actualité*, Carole Beaulieu, m'a proposé d'écrire *Le blogue d'une journaliste scientifique en colère* dans le site Web du magazine, je me suis sentie à la fois enthousiaste, morte de peur et extrêmement fière.

Après des années d'objectivité journalistique, j'allais pouvoir tâter de l'opinion, dénoncer démagogues et idéologues de tout poil qui profitent de l'inculture scientifique de la population pour tenter de lui faire avaler n'importe quoi. J'allais aussi pouvoir réagir aux événements d'actualité, en m'appuyant sur des faits pour apporter des explications claires et justes au moment où on en cherche.

Mais quelle angoisse que de se retrouver ainsi aux côtés de certains des chroniqueurs les plus respectés et les plus lus du Québec, comme le regretté Michel Vastel!

Un immense merci à Carole Beaulieu de m'avoir fait confiance, et pour tout ce qui fait qu'il est si agréable et stimulant de travailler avec elle. Peu de patrons de presse montrent une telle ouverture envers la science, rares sont ceux qui prennent aussi bien soin de leurs collaborateurs.

L'actualité n'est pas seulement le plus grand et le plus populaire des magazines du Québec, c'est aussi une équipe formidable avec laquelle j'ai toujours un immense plaisir à collaborer. Ce livre doit beaucoup, en particulier, à Ginette Haché, qui en a minutieusement supervisé la préparation, à Charles Grandmont, pour ses conseils et suggestions au fil du blogue, à Josée Désaulniers et à Lucie Daigle, pour leur révision et leur gentillesse, ainsi qu'à Jocelyne Fournel, pour y avoir mis sa touche artistique.

Merci aussi à toute l'équipe de L'actualité.com pour son soutien technique et moral, ainsi qu'à toutes les personnes qui ont contribué à rendre ce blogue vivant par leurs commentaires.

Merci enfin, pour tout, à ma famille. Je vous aime.